(Par M. Meister, d'après Barbier.)

DES

PREMIERS PRINCIPES

DU

SYSTEME SOCIAL,

APPLIQUÉS

A LA RÉVOLUTION ACTUELLE,

DES

PREMIERS PRINCIPES

DU

SYSTEME SOCIAL,

APPLIQUÉS

A LA RÉVOLUTION PRÉSENTE.

For forms of Government , let fools contest:
Whate'er is best administred is best.

Pope.

 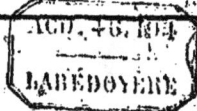

A NICE.

Et se trouve à Paris,

Chez GUERBART, Imprimeur-Libraire,
Porte Saint-Jacques, et au
Pont neuf n° 19.

M. DCC. XC.

—C'est faire paraître ce petit Ouvrage bien tard!

—S'il pouvait mériter quelque attention, peu importerait sans doute le moment où je le publie.

—Beaucoup de Lecteurs vous confondront avec les ennemis de la Révolution.

—Ce ne seront pas ceux qui distinguent les causes qui ont préparé la Révolution et celles qui l'ont précipitée. Tout bon Citoyen devait regarder la Révolution comme nécessaire, indispensable. Tout bon Citoyen ne doit être occupé aujourd'hui qu'à en assurer le succès. Mais quel est l'honnête homme qui voulût être coupable ou complice de tous les moyens dont on s'est servi pour nous conduire au point où nous sommes?

— Pensez - vous qu'on vous pardonne d'avoir osé combattre des principes qui paraissent consacrés par les Décrets même de l'Assemblée nationale ?

—Et quelle Liberté aurions-nous conquise si, en se soumettant religieusement aux Lois de la nouvelle Constitution, il n'était pas permis d'en discuter les principes ? Plus la puissance de l'Assemblée est au-dessus de toute atteinte et de toute résistance, plus elle doit desirer qu'il reste du moins une barrière capable d'arrêter un jour les excès et les abus de tout pouvoir sans bornes, c'est la liberté de Penser et d'Ecrire.

Je me trompe sans doute lorsque mes vues ne sont point d'accord avec celles des Sages de la Nation; mais à leurs yeux je ne puis être repréhensible d'avoir osé dire ce que je pense. Au risque de trouver peu de Lecteurs, j'ai tâché d'éviter avec le même soin et le faste des déclamations et les traits piquans de la satyre. N'ayant ni le talent ni le loisir de développer mes idées, j'ai voulu du moins indiquer, avec toute la sincérité de mon esprit et de mon caractère, celles où je crois entrevoir quelque utilité. Il en est d'assez communes même que les opinions qui dominent aujourd'hui semblent avoir fait perdre entièrement de vue ; si l'orgueil de notre Philosophie se félicite de les avoir dépassées, la leçon de l'expérience pourrait bien nous forcer d'y revenir plutôt qu'on ne pense.....

Sans me croire fort, j'aime à me ranger du parti le plus faible ; et dans ce moment vous ne doutez pas que ce ne soit celui de la modération. Voilà mes torts, voilà mon excuse.

A Nice, le 28 Février 1790.

TABLE.

DES

DES
PREMIERS PRINCIPES
DU
SYSTÊME SOCIAL,

APPLIQUÉS A LA RÉVOLUTION PRÉSENTE.

INTRODUCTION.

JE n'examinerai point si la Nature a fait
l'homme pour vivre seul, ou pour s'associer
à ses semblables. La manière dont il se reproduit, la nécessité des besoins qui assiégent
sa premiere enfance, la lenteur avec laquelle
ses forces croissent et se développent, le pouvoir merveilleux qu'exerce sur toutes ses facultés l'instinct de l'imitation, je ne sais quelle
aptitude naturelle à se laisser modifier par
toutes les impressions qui lui viennent du

A

dehors ; me paroissent démontrer qu'avec le moins de ressources , pour se passer de la société , l'homme est aussi l'être qui en a reçu le plus pour en jouir avec avantage.

Sans discuter donc ce qui pourrait être ; bornons-nous à voir ce qui existe.

Les hommes ont commencé par vivre épars ou réunis , d'abord en familles tout-à-fait isolées , en tribus ; rassemblant plusieurs rameaux de la même famille ; ensuite en hordes plus ou moins nombreuses dont les alliances sous un même chef ou sous une même loi , formèrent enfin ce que nous appelons un Peuple, un Empire, une Nation.

En voulant chercher les rapports qui peuvent conduire un Peuple, un Empire , une Nation à l'Etat le plus heureux, la première idée qui me frappe est la nécessité de considérer la réunion d'un grand nombre d'individus comme un seul et même être , dont les parties , quelque diverses qu'elle soient entre elles , se trouvent liées par un intérêt commun , auquel tous les autres doivent être ; sinon, parfaitement soumis , au moins parfaitement subordonnés.

La morale d'un homme en particulier dépendant de son instinct, de ses sentimens, de

ses lumières personnelles, est variable et
susceptible d'une infinité de distinctions plus
ou moins subtiles , plus ou moins délicates.
La morale d'un Peuple , plus métaphysique
dans son principe, doit être nécessairement
plus bornée dans ses résultats , plus ferme et
plus précise.

Se conserver , se perfectionner , c'est-à-
dire , s'assurer autant qu'il est possible , un
accroissement de force, de bonheur ,de puissance ; voilà les premières lois de toute société , comme celles de tout être, capable de
penser et de vouloir. Tâchons de réduire aux
idées les plus simples, les moyens d'atteindre
à ce but essentiel de toute législation raisonnable...

Je me transporte au milieu d'une foule ras-
semblée au hazard. Pour la diriger vers un but
quelconque, il est deux conditions indispensables ; empêcher qu'elle ne se disperse , empêcher qu'elle ne s'étouffe; voilà l'image gros-
sière, mais juste et sensible de tout le méca-
nisme du système social.

Le premier objet des lois est d'établir une
force publique, capable de contenir tous
les membres de la société en général, et chacun en particulier , dans les bornes prescri-

les par l'intérêt de sa conservation et de sa prospérité ; ce sont les barrières qui arrê- tent l'impulsion de la multitude en la diri- geant , en l'obligeant à suivre des routes dé- terminées, et à concourir , pour ainsi dire , forcément au maintien de l'ordre général. De ce principe il résulte que la force publi- que doit se trouver dans un juste rapport avec le degré de résistance naturellement à craindre ; sans quoi plus d'accord, plus d'é- quilibre ; tout se confond , tout se dissout , tout se détruit.

La force publique dont nous parlons, est dans le corps politique ce que le principe vital est dans le corps humain ; son action est souvent tout aussi mystérieuse , tout aussi incompréhensible ; quelquefois même le vé- ritable foyer de cette action si puissante, se cache également à nos yeux. Là , elle paroit dépendre de l'opinion que l'on a du Prince, ou des pouvoirs dont il dispose. Ici, c'est un ordre entier , un Sénat , une Magistrature, qui semble en être l'unique dépositaire. Ail- leurs , répandue partout , on peut douter si elle est plus essentiellement dans un point que dans un autre. L'amour de la Patrie , le respect pour la Loi , semble la reproduire

toute entière dans le cœur de chaque citoyen.

La force publique suffisante pour contenir
une société peu nombreuse, cesse de l'être,
si la suite des événemens, ou quelque révolution extraordinaire change ces premiers
rapports.

ÉGALITÉ.

Les hommes sont égaux, de droit ? Sans doute ; de fait, nullement. La force ou l'adresse d'un seul homme peut l'emporter sur celle de vingt. Le génie et la voix d'un seul homme peut entraîner la pensée, et la volonté de plusieurs milliers d'hommes. Ces hommes-là ne sont point les égaux de leurs semblables.

C'est à la Loi qu'il appartient de défendre tour-à-tour le petit nombre des violences de la multitude, et la multitude tout-à-la fois de ses propres mouvemens, et de l'ascendant impérieux que l'adresse, la perfidie, des mesures mieux suivies et mieux concertées, donnent naturellement à l'intérêt du petit nombre.

Un des premiers objets de l'ordre social, est donc de réparer les inconvéniens de l'inégalité naturelle parmi les hommes, en établissant, en soutenant l'égalité de droit. Cette égalité pourra bien être plus ou moins circonscrite ; mais n'est-il pas deux rapports au moins sous lesquels la justice paroît exiger que l'égalité soit religieusement maintenue, celui de la liberté personnelle , et celui de la propriété ? Quelque distinction d'ailleurs qu'on puisse admettre entre les individus qui forment une même société , tous également soumis à la loi convenue , ne doivent-ils pas être également protégés par elle , également obligés par là même à contribuer à la chose publique , en raison des facultés dont ils disposent ?

La plus grande égalité possible seroit-elle desirable? Je vois toutes les nations , dont les efforts ont tendu vers ce but, tomber tôt ou tard , dans le despotisme , ou dans la barbarie.

Il n'y a qu'une échelle de subordination bien entendue , qui puisse lier heureusement les hommes , en les attachant au même intérêt commun , par une multitude d'intérêts particuliers , qui, dépendans les uns des autres , se croisent mutuellement , et en fortifient la chaîne.

En admetant qu'une égalité parfaite puisse exister à la naissance d'une société , il est aisé de voir que le cours naturel des choses ne tarde pas à l'altérer. Ce n'est que par des mesures violentes qu'on est parvenu quelquefois à la maintenir, comme à Sparte. C'est par

A 4

des mesures plus violentes encore qu'on a cherché quelquefois à la rétablir, comme à Rome.

Le travail, l'adresse, l'industrie employées à faire subsister, et les individus et le corps entier de la société, ramènent bientôt l'inégalité naturelle, et, à sa suite, l'inégalité civile. Lacédémone ne parut échapper quelque tems à cette destinée, que par l'établissement même de la plus cruelle et de la plus injuste de toutes les inégalités ; ses Ilotes semblaient jettés, à la vérité, hors de la République, mais la République eût-elle subsisté sans eux ? Ils appartenaient essentiellement à l'ordre public, et n'y tenaient que par le plus funeste de tous les liens. Des esclaves sans lesquels il n'y aurait eu ni liberté ni égalité ! c'est sur cette base monstrueuse que reposa plusieurs siècles le plus superbe monument de l'empire des lois.

Sans cette inégalité qu'on ne saurait prévenir qu'en détruisant le plus puissant de tous les ressorts de la machine politique, cet intérêt personnel que l'esprit social exalte de tant de manières, sans cette précieuse inégalité, plus d'émulation, plus d'élan, plus de mouvement, plus de vie.

Tâchons de développer notre idée par un exemple simple et sensible. Supposons une société composée de vingt-mille citoyens; attribuons à chacun une égale portion de revenu, résultante de la même mesure de travail, ou, ce qui pourrait se supposer plus raisonnablement encore, indépendante de toute espèce de travail. Vous voyez qu'aucun ne pouvant augmenter, ni ses facultés, ni ses jouissances, ne sera intéressé à s'occuper plus que l'autre ; nul motif par conséquent aux efforts du travail et de l'industrie. S'il étoit possible que la masse du revenu qui fait subsister la société, ne fût point exposée à dépérir, du moins ne pourrait-elle jamais s'accroître. Il n'y auroit donc dans cette société aucun principe qui pût faire espérer le progrès de sa puissance et de son bonheur; il n'y en auroit guère plus qui en pût garantir la durée. Tout dans l'univers suit la même loi; dès qu'une force cesse d'augmenter, elle commence dès-lors à s'éteindre.

Les lois civiles les plus raisonnables sont toujours celles qui suivent de plus près le cours indiqué par la Nature même. C'est d'elle que vient la première inégalité des hommes et des conditions; mais cette inéga-

lité est soumise à mille variations , et n'a rien
de permanent. Que la société soit divisée en
classes très-distinguées , nul inconvénient ,
pourvu que l'intérêt de chaque classe ne
cesse jamais d'être soumis à l'intérêt commun
de toutes ; pourvu que le génie et la vertu ,
les talens et le travail , puissent élever l'homme
le plus obscur aux distinctions les plus honorables , et que celui qui cesse de les mériter ,
perde par la même raison , si çe n'est le
droit , du moins la faculté d'en jouir.

Il est un pays livré à une foule de principes destructifs de tout ordre et de toute liberté qui doit peut-être à l'usage des enno-
blissemens la meilleure partie des avantages
qu'il conserve , et qui lui en devra peut-être
de plus précieux encore ; car c'est cet usage
inventé sans doute pour un autre objet , qui ,
en minant tous les jours l'édifice de la ty-
rannie féodale , a élevé insensiblement le
Tiers-Etat au sentiment de ses forces , de sa
puissance , de sa dignité , et lui a révélé enfin le grand secret de l'autorité nationale.

LIBERTÉ.

Il n'est peut-être aucun mot de la langue qui ait donné lieu à plus de méprises que celui de liberté ; il n'en est aucun dont l'équivoque funeste ait couvert la terre de plus de larmes, de plus de sang, de plus d'injustice et d'horreur.

Si l'on entend par liberté, la faculté de suivre sans régle et sans choix tous les mouvemens de son cœur et de sa pensée, l'homme le plus libre risque fort d'être un méchant homme, beaucoup plus encore d'être un mauvais citoyen.

Pourquoi définir la liberté naturelle ? le sentiment que nous en avons tous, est fort audessus des définitions qu'en pourrait faire la philosophie la plus subtile et la plus profonde. C'est de tous les attributs de l'homme, celui qui l'élève le plus à ses propres yeux, parce qu'il n'en est point qui lui donne une conscience plus vive de l'énergie de son existence, et de l'étendue de ses forces ; mais c'est le charme d'une faculté si sublime, c'est ce charme même qui nous livre si facilement aux impressions les plus dangereuses.

Tout ce qui semble nous soustraire à un pouvoir quelconque, nous fait éprouver plus vivement cet amour naturel de la liberté, et l'on ne sauroit douter que ce ne soit par une illusion si séduisante, qu'une foule de passions désordonnées n'ait pénétré dans le cœur humain.

La liberté dans l'ordre moral ressemble beaucoup plus à la soumission qu'à l'indépendance. L'homme est moralement libre lorsqu'il est plus soumis aux principes fixes de la raison qu'au mouvement vague, impétueux de ses sens, de ses goûts, de ses habitudes.

Il en est de la liberté civile comme de la liberté morale. L'homme n'est civilement libre que lorsqu'il est plus soumis à l'empire des lois, qu'à aucune autre volonté quelconque, même à la sienne.

Il y a liberté partout où la Loi soumet et protége également tous les individus de la société.

Dans tout autre état de choses, l'homme est tour-à-tour esclave et déspote, car il est impossible que la liberté d'un seul membre de la société s'étende au-delà des bornes prescrites sans empiéter aussi-tôt sur la liberté d'un autre.

Plus les principes de la morale sont justes, moins ils ont d'exceptions dans la pratique. Plus les lois générales d'une société se rapprochent de ces premiers principes, moins elles ont besoin d'explications partielles. Ce n'est que lorsque les barrières sont faibles, ou mal posées qu'on est réduit à les changer, à les multiplier sans cesse.

Avec une raison ferme, éclairée, l'homme pourra s'affranchir sans danger, de mille et mille régles plus ou moins minutieuses, dont l'observation est un frein nécessaire aux esprits grossiers, aux caractères violens, aux ames pusillanimes.

Le plus ou moins de liberté dont l'homme jouit sans inconvénient, tient donc à la perfection de son être. Le plus ou moins de liberté dans l'ordre social ne dépend aussi que du plus ou moins de perfection des Lois qui l'ont établie.

On conçoit ainsi que sous l'empire d'un bon Monarque, que dis-je ? sous le Sceptre d'un déspote éclairé, il peut exister réellement plus de liberté que dans une République mal ordonnée, fût-ce même la Démocratie la plus décidée.

La liberté du citoyen diminue en raison des

accroissemens de la force publique : celle de
l'homme augmente. Que d'actions particulières indifférentes à l'autorité qui dispose,
pour ainsi dire, à son gré du pouvoir de tous !
Il n'en est presque aucune qui le soit aux yeux
d'un Gouvernement que sa faiblesse rend timide, défiant, ombrageux. C'est par cette
raison qu'on trouve plus de liberté naturelle
dans un grand Empire que dans un petit
État.

PROPRIÉTÉ.

SI l'homme n'eût jamais desiré de pouvoir
dire : ce champ est à moi ; j'y veux attacher
une partie de mon existence , le produit de
mon tems , de mes forces , de mon travail ;
cette portion de mon être que j'y dépose ,
pourra me survivre ; il me sera doux d'en
disposer après moi... Si l'homme n'eût jamais
conçu l'idée ou la fantaisie de cette espèce
de bonheur, par quel motif l'auroit-on porté
à subir volontairement le joug d'une convention permanente, éternelle ?

On conçoit que les hommes ont pu former
d'abord beaucoup d'associations passagères ,
sans autre objet que celui de défendre leur
vie et leur repos , tantôt contre les bêtes fé-
roces , tantôt contre une troupe de leurs
semblables, que le hazard ou la nécessité
poussoit à venir enlever leur proie ; mais il
n'y eut, sans doute, que le desir de s'assurer
la possession libre et tranquille d'un bien
dont ils avaient connu la douceur et l'utilité
qui ait pu les déterminer à cette aliénation
de la liberté personnelle, sans laquelle il n'est

point de convention durable, point de force
publique, point de pacte social.

Le maintien du droit de propriété est donc
le premier objet de toute constitution politique ; c'ets là leur véritable berceau qu'il importe de ne jamais perdre de vue ; car c'est
à cette origine que se rapportent tous les inconvéniens et tous les avantages de l'ordre
social.

Ne voulez-vous que la liberté ? Fuyez les
hommes rassemblés, cachez - vous dans les
forêts. Ce n'est qu'au fond d'un antre soli-
taire, ou dans le vaste silence des bois que
l'homme jouit librement de la Nature et de
lui-même. Là, sa destinée ne s'élève guère au-
dessus de celle des animaux qui servent à nos
besoins et à nos plaisirs ; mais végétant sans
peine et sans inquiétude, si quelque douleur imprévue vient l'atteindre, il n'est pas
long-tems malheureux, ne tenant à la vie que
par un seul lien, la chaîne en est bientôt
rompue ; las de son existence, il a déjà cessé
d'être.

Cette liberté dont on parle avec tant de
bonne-foi dans tous nos codes civils et politiques, la seule liberté qui puisse exister réellement dans l'ordre social, n'est à propre-
ment

ment parler que cette propriété déterminée
de nous-mêmes , qui nous est garantie par
la Loi. Cette liberté plus ou moins modifiée
par l'intérét commun de la société, est la véritable propriété de ceux qui n'en ont point
d'autre.

Il y a long-tems qu'il dure , et sans doute,
il durera long-tems encore ce grand procès
des propriétaires , et des non-propriétaires ,
des riches et des pauvres. J'admire l'élo-
quence des Gracques , j'adore le sentiment
qui les inspira ; mais ne faut-il pas être raisonnable avant d'être éloquent ? L'homme le
plus sensible a-t-il jamais le droit de cesser
d'être juste ?

Il n'existe aucune propriété qui dans l'origine n'ait été acquise plus ou moins justement aux dépens des autres , puisqu'on ne
peut rien posséder exclusivement qui ne fût
antérieurement à toute convention le bien de
tous.

Mais est-il vrai que les propriétés possédées
par un petit nombre d'hommes , soit que la
reconnoissance les ait décernées à la vertu ,
soit que la force , la ruse ou le travail les ait
acquises, est-il bien vrai, dis-je, que ces propriétés exclusives diminuent réellement la

B

portion de tous ? Le contraire me paraît démontré par une réflexion fort simple, c'est
qu'il n'est point de propriétés intéressantes
auxquelles ne soit attaché le desir de les conserver, de les accroître ou d'en jouir. Or,
comment les conserver, comment les accroître sans qu'elles augmentent, sans qu'elles
s'accumulent ? Comment multiplier encore
les moyens d'en jouir sans en partager les
fruits, sans en faire hausser par-là même le
produit et la valeur ? Qu'est-ce qu'un champ
à moi, si je ne le cultive ? Que me servirait
tout l'or du Pérou, si je ne pouvais l'échanger contre le travail et l'industrie de ce qui
m'entoure ? Si de l'usage même du droit de
propriété l'on voit naître le plus vif intérêt de
conserver, d'accroître, de jouir, l'inégale dis-
tribution des propriétés nécessite plus sûrement encore ceux qui n'ont point toutes celles
que l'on peut croire indispensables au bonheur, à se les procurer à force de peine et
d'industrie, à s'associer en quelque manière
aux jouissances des plus riches propriétaires,
en se chargeant d'une partie des soins et des
travaux qu'exige l'échange, la conservation
ou l'amélioration de leurs propriétés.... Tra-
vaillé de vos mains, votre champ ne produit

que vingt gerbes; je joindrai mes efforts aux
vôtres, il en produira trente, quarante,
davantage. Cet accroissement de produit, il
est juste qu'il m'appartienne en tout ou en
partie. Voilà la base de tous les traités entre le
pauvre et le riche, et c'est ce traité qui devient
évidemment une source intarissable de richesses et même de bonheur, pourvu que les conditions en soient dictées par la raison, par la
prudence, par l'équité. Ainsi donc le droit de
propriété qui semble au premier apperçu devoir appauvrir la masse générale, tend par sa
nature même à l'augmenter, et c'est une vérité que les faits prouveront encore mieux que
le raisonnement (1).

A ces vastes domaines de la liberté que par-
courent des peuplades errantes sans aucune

(1) Les hommes d'une fortune modique dépensent
ordinairement le moins et le plus tard qu'ils peuvent.
C'est le luxe des riches dont l'intérêt alimente sans
effort les besoins du pauvre, encourage sans vertu les
travaux et l'invention des arts, fournit par avarice à
l'industrie et au commerce les fonds nécessaires pour
former de grandes entreprises, pour lutter avec succès
contre celles des nations rivales. Le superflu de la
richesse est toujours la masse de numéraire la plus
circulante et la plus active; c'est par cette raison que

possession qui les attache à un lieu plutôt
qu'à un autre , comparez les pays même les
plus mal gouvernés , mais où les intérêts de la
propriété sont encore protégés par la loi ; où
trouverez-vous le plus de culture, le plus de
richesses , le plus de population ? Multipliez
les comparaisons de ce genre , et vous verrez
que c'est toujours en raison du respect pour la
propriété que s'accroissent ; et dans la pro-
gression la plus étonnante , ces trois grandes
sources de la prospérité publique.

Les propriétaires sont donc originairement
les premiers soutiens, les premiers bienfai-
teurs de la société , ils le sont trop souvent
sans avoir le bonheur de s'en douter ; mais cela
n'empêche pas qu'ils ne le soient ; en augmen-
tant leur richesse particulière, ils augmentent
la richesse publique , et leur propre intérêt

l'éloignement d'un certain nombre de riches propriétaires peut affecter dans ce moment la circulation de
l'argent en France. Ce n'est pas sans doute la somme
par elle-même qui peut produire un effet si sensible,
mais bien la manière dont elle était employée ; em-
ploi dont la cessation contribue beaucoup à diminuer
le mouvement général. Ce n'est qu'en grandes masses
que l'argent devient productif ; éparpillé en petites
portions , il fuit comme le mercure , se dissipe et dis-
paraît.

les force à en être des gardiens fidèles ou des distributeurs équitables. C'est sous ce rapport du moins que doit les considérer la Loi, c'est vers ce but qu'elle doit diriger leur conduite et leurs vœux.

Il n'y aurait point de riches s'il n'y avait point de pauvres, cela est incontestable ; mais ce qui n'est pas moins certain, quoiqu'on ne l'ait pas répété aussi souvent, c'est que s'il n'y avait point de riches, il n'y en aurait que plus de pauvres, et les pauvres seraient plus pauvres encore. Quoique le sort de nos journaliers ne soit pas à beaucoup près aussi heureux qu'il pourrait l'être, il n'en est presque point qui, sobre et laborieux, ne puisse bientôt se procurer plus de jouissances, plus de faste même que n'en ont de très-grands Souverains condamnés à régner sur des contrées sauvages ou barbares.

Quelle triste égalité que celle dont il ne résulte d'autre avantage que celui d'être tous également misérables !

La loi la plus juste, la plus favorable aux pauvres comme aux riches, est celle qui protégera le mieux toute espèce de propriété ; mais cette loi juste n'aura pas oublié que de

B 3

toutes les propriétés la plus respectable, la
plus sacrée, est cette portion de liberté,
cette propriété déterminée de nous-mêmes
que doivent garantir à tous les premiers
intérêts de l'ordre social, les premières dispositions de la puissance publique.

Cette propriété bien établie pourra balancer seule avec succès l'ascendant de toutes
les autres. A l'abri de cette égide le travail
et la bonne foi pourront procurer à tous
une subsistance aisée ; les talens et l'industrie des richesses et de la considération ;
le génie, la valeur, la supériorité des lumières, en se dévouant au bien public, les
honneurs et la gloire.

Ce ne sont pas des lois contre les riches
qu'il s'agit d'établir, ce sont des lois en
faveur des pauvres ; des lois qui les empê-
chent d'être toujours pauvres, ou du moins
de se trouver malheureux de l'être
encore.

PRIVILÉGES.

Les abus qui ont rendu ce mot odieux ne doivent pas en imposer à l'Écrivain qui ne cherche que la vérité ; il n'y voit qu'un motif de plus pour se montrer impartial.

Un privilège est le droit de jouir exclusivement d'un avantage quelconque. Il y a des priviléges attachés à la personne , au corps dont on est membre , à la Nation entière. Il est des priviléges purement honorifiques ; il en est d'une utilité réelle. Les uns sont personnel, les autres héréditaires. Sous tous ces rapports les priviléges sont de véritables propriétés. Sous ces mêmes rapports il n'y a point de propriété qui ne soit un privilège ; et la société entière n'est fondée que sur des priviléges.

Ce principe nous paraît d'autant plus juste que la conséquence qui en résulte nécessairement porte à nos yeux le même caractère d'évidence , c'est que tout ce que l'on vient de dire sur les propriétés en général, s'applique avec la même justesse à ce qu'on appele plus particulièrement des priviléges , c'est-à-dire, ces droits exclusifs

B 4

qui n'appartiennent qu'à une certaine classe
de la société , à un certain nombre d'individus plus ou moins considérable.

Comme il n'est pas vrai que les propriétés
possédées par un petit nombre d'hommes
diminuent en effet la portion de tous , il
n'est pas vrai non plus que les privilèges
attribués à un petit nombre d'hommes al-
tèrent essentiellement le droit que d'autres
y peuvent prétendre. Partout où il y a des
distinctions , il y a différens moyens de les
partager ou de les atteindre. Si vous en
exceptez quelques contrées livrées encore
à des préjugés barbares , ces distinctions
sont même une des premières richesses de
l'État , car elles sont autant de prix pro-
posés à tous les genres de mérite , d'industrie et de talent.

L'honneur des premières classes réjaillit
par degrès jusques sur les dernières. Quelque
grande que paraisse ici la distance d'un
Duc et Pair à un simple Artisan , le point
d'honneur de ce dernier est , sans contredit,
relativement à son état , beaucoup plus susceptible à Paris qu'il ne le serait à Boston
ou à Constantinople (1).

_____

(1) Sans discuter le plus ou moins de raison , le plus

Je sais bien qu'il est plus d'un moyen de gouverner les hommes, et que celui de la raison est préférable à tous les autres ; mais peut-être n'y en a-t-il pas trop de tous. Ceux qui frappent les sens et l'imagination seront du moins long-tems encore les seuls qui soient à l'usage de la multitude.

Aux yeux du Législateur le droit des privilèges comme celui des propriétés ne paraît si respectable qu'autant qu'il est une application bien entendue de l'intérêt personnel au maintien et à l'avancement de la chose publique. (2). Ce n'est que pour en-

ou moins de moralité des principes de l'Honneur, il faudra toujours convenir qu'on lui doit une foule de mouvemens héroïques, de nobles et belles actions ; il faudra convenir de plus, que ce principe ou ce préjugé n'existá, ne pût jamais exister dans un État tout-à-fait despotique, et que dans les Monarchies même les plus absolues, il fut toujours une des barrières les plus imposantes contre les attentats de l'autorité. C'est essentiellement sous ce rapport, que le génie de Montesquieu dût regarder l'Honneur comme le principe caractéristique de la Monarchie. Les Écrivains qui ont prétendu le réfuter sur ce point, pourroient bien ne l'avoir pas entendu.

(1) De ce nombre sont sans doute certains privilèges exclusifs, qui pour paroître au premier apperçu, n'être profitables qu'à cinq ou six personnes, et nuisibles à cent

courager les particuliers à augmenter par leurs soins et par leurs travaux la masse des richesses existantes qu'il importe à l'État de protéger de toute sa puissance le droit de propriété. Ce n'est que pour inspirer à chacun l'émulation dont sa destinée et ses talens le rendent susceptible qu'il peut convenir à l'État de fonder des distinctions, des privilèges, ou de maintenir ceux qui, consacrés par d'antiques usages, ont acquis une influence plus imposante et par la même plus utile.

Ce n'est donc ni par attachement ni par respect pour l'intérêt personnel des privilégiés que j'ose prendre ici la défense de certains privilèges, c'est uniquement par égard pour l'avantage public qui me paraît en résulter. Je ne vois pas qu'en les soumettant à l'épreuve de ce principe on risque beaucoup de s'en dissimuler les abus.

Qu'est-ce que la vanité d'un grand nom ? Rien par elle-même sans doute, mais beaucoup, mais tout lorsqu'il suffit de ce vain prestige pour entraîner à une mort glorieuse

---

autres, n'en font pas moins le bonheur, l'agrément ou la sûreté de dix mille.

une foule empressée à suivre celui qui la porte.

Le but principal des distinctions, des prérogatives dont le génie législateur a pu légitimer les titres, est de contenir de proche en proche tous les individus de la société dans une juste subordination par l'ascendant habituel des égards qu'inspire une supériorité reconnue. Cette espèce de dépendance mutuelle, pourvu qu'elle ne puisse jamais autoriser aucune injustice particulière, loin d'abattre les esprits est aussi propre à exciter une heureuse émulation qu'à modérer les écarts d'une liberté qui trop absolue, ne tarde pas à dégénérer en licence.

Voyez cette vaste pyramide dont la base solide, étendue s'élève en se rétrécissant par degrés, et qui par l'effet de cette structure imposante, malgré la hardiesse de son élévation, reste inébranlable au milieu des outrages du tems et des révolutions qui bouleversent tout ce qui l'entoure. Ainsi par la seule subordination juste et possible des travaux et des récompenses, du nombre et des rangs sont maintenus tout à la fois dans la société, l'ordre, la puissance et le repos.

Aux abus du droit de propriété nous

avons opposé , comme l'égide la plus sûre ,
le respect de cette liberté individuelle , de
cette propriété déterminée de nous-mêmes ,
qui, garantie par la loi, justement protégée
par elle , peut balancer seule l'ascendant
de toutes les autres propriétés. Aux abus
de l'inégalité des conditions , nous oppose-
rons encore , comme l'égide la plus sûre , le
saint respect qu'on doit à l'humanité. Partout où l'homme , le simple citoyen , con-
serveront à la faveur des lois cette première
dignité, dont les droits sont imprescriptibles,
les distinctions particulières , accordées à
quelques-uns d'entre eux , n'auront que peu
d'inconvéniens ; dirigées vers le but que l'on
vient d'indiquer, elles ne pourront qu'ajouter
au bonheur de tous.

La plupart des priviléges , pour lesquels
on dispute aujourd'hui si vivement en France,
ne sont en réalité que des marchés plus
ou moins adroits, plus ou moins onéreux
de l'esprit fiscal. En considérant la discus-
sion sous ce point de vue, on désintéresserait ,
j'espère , un grand nombre de ceux qui l'ont
embrassée avec trop de chaleur. L'impéritie
ou la cupidité des Ministres a fait contracter
au Monarque des charges qui sont devenues

écrasantes pour le peuple. Il s'agit d'examiner si l'on en peut revenir et à quelles conditions ; mais il est bien évident que des privilèges qui n'ont servi qu'à tirer le Ministre d'un moment d'embarras, en privant le revenu public d'une ressource habituelle, souvent même en grevant la classe la plus pauvre d'un surcroît de charge au-dessus de ses facultés ; il est bien évident, dis-je, que ces privilèges-là n'ont rien de commun avec ceux dont nous avons essayé de faire l'apologie.

Le comble de la sottise et de la déraison est d'avoir attaché une sorte de honte et d'humiliation au payement de certaines charges publiques, comme si le devoir de contribuer de quelque manière que ce puisse être au maintien et à la conservation de la chose publique, n'était pas une des plus honorables fonctions de l'état de citoyen. Loin d'avilir par des dénominations absurdes les contributions des dernières classes de la Nation, apprenez-leur à voir dans ces mêmes contributions le premier degré, par lequel ils pourront s'élever un jour aux distinctions dont il doit leur être permis de concevoir l'orgueil et l'espérance.

Suite des deux articles précédens.

UNE Nation ne pouvant subsister que par
le produit des travaux du grand nombre,
il faut nécessairement que ce grand nombre
soit chargé de ces travaux, ou, par la
nécessité même de la loi, ou par celle des
circonstances ; aussi n'existe-t-il et n'exista-
t-il jamais aucune nation, aucune société,
que l'on puisse appeler de ce nom, qui
ne soit ou n'ait été composée d'un certain
nombre de riches et d'un plus grand nombre de
pauvres, ou, d'un certain nombre d'hommes
libres et d'un plus grand nombre de serfs
ou d'esclaves. Cette triste vérité serait trop
affligeante, si l'inégalité des conditions était
la seule mesure des biens et des maux dont
cette vie peut être susceptible ; mais l'in-
digent, forcé de travailler pour vivre, n'est-il
pas souvent mille fois plus heureux que
le riche destiné à jouir au sein de l'oisiveté
du fruit des peines et des sueurs de ceux
qui l'entourent.

Les travaux à supporter pour fournir à
la subsistance ainsi qu'à la défense, commune, étant de nature à occuper le plus

grand nombre de bras , il paraît, sans doute, impossible de ne pas en borner le salaire à un prix modique , tel cependant qu'il puisse garantir sûrement quiconque voudra travailler non-seulement des suites les plus prochaines de la misère , mais encore de trop justes appréhensions pour l'avenir. (1)

Quelle est donc la meilleure condition possible de la classe la plus nombreuse de la société ? Une indigence qui pour l'intérêt commun l'oblige au travail , mais avec toute la liberté nécessaire pour résister sous la protection des lois à l'ascendant des riches , si leur injuste avarice osait vouloir en abuser. C'est sous ce rapport que la plus extrême pauvreté sera toujours préférable à l'esclavage même le plus doux ; car il n'est pas plus difficile de faire de bonnes lois en faveur des pauvres qu'en faveur des esclaves, et l'on a tout lieu de présumer que l'exé-

---

« (1) Le vrai moyen , dit M. Dubucq, d'affermir la » prospérité d'un grand Empire , c'est d'encourager la » population par l'agriculture ; l'agriculture , par les ma- » nufactures ; les manufactures , par les colonies ; les co- » lonies , par le commerce »..... Ce peu de mots ne renferme-t-il pas la substance d'un grand traité d'admi- nistration.

cution des unes sera beaucoup plus assurée
que celle des autres.

Nous sommes forcés de répéter ici ce
que personne ne peut ignorer ; mais ce
qu'on n'a peut-être jamais énoncé avec assez
de franchise , parce que c'est une vérité
dure , et que le sentiment se plaît à repousser , quelque démontrée qu'elle soit par
l'expérience ; ce n'est qu'avec les bras du
pauvre que peuvent s'exécuter tous les
grands travaux qui rendent une Nation
heureuse et florissante. Pour avoir beaucoup de pauvres, il faut bien qu'il y ait quelques riches. Ce qui console , c'est qu'en établissant de justes rapports entre le grand nombre des pauvres , et le petit nombre des riches,
les pauvres sont moins pauvres comme nous
l'avons déjà dit ; et les riches tout-à-la fois
plus riches et moins malheureux de l'être ,
car leur richesse peut s'échanger alors contre
des jouissances plus douces et plus réelles ,
que la possession exclusive de quelque trésor que ce puisse être.

Les lois qui protégent la liberté personnelle
sont également favorables aux pauvres comme
aux riches. Elles laissent au travail , à l'industrie , aux talens , la faculté de s'enrichir ;
elles

elles prêtent à l'indigence des forces nécessaires pour se défendre contre les entreprises
de la richesse, contre les vexations de l'avarice et de la cupidité. Quelque grande que
soit l'inégalité des conditions relativement à
la richesse, aux honneurs, cette inégalité ne
deviendra jamais oppressive s'il existe un titre
commun à tous, celui d'être également libres
ou plutôt également soumis à la loi. Ce principe important semble avoir été méconnu
dans la plupart de nos constitutions ; on ne
saurait assez en presser toutes les conséquences. Il ne suffit pas sans doute que la
loi déclare sous ce rapport tous les hommes
égaux, il faut qu'elle leur assure les moyens
de l'être ; il faut donc que le plus faible et
le plus pauvre puisse obtenir justice et protection tout aussi facilement que le plus riche
et le plus puissant ; et, je le demande, quelle
est la constitution au monde où l'on trouve
cet avantage bien établi par le droit et par
le fait ? Je doute qu'on en trouve un exemple
plus digne d'être cité que l'aristocratie de
Berne ; mais l'éloge appartient encore plus à
la conduite personnelle des Magistrats de
cette République, qu'à la sagesse de sa législation.

C

Est-il donc si difficile d'établir l'égalité de
droit qui peut seule réprimer les désordres et
les abus qu'entraîne après elle cette inégalité
des conditions que nous avons reconnue
d'ailleurs être aussi avantageuse qu'elle est
nécessaire et naturelle ? Non, il paraît également juste et simple de déclarer que tous
les hommes soumis à la même loi doivent
en obtenir la même protection, par conséquent ne subir que les mêmes peines, et
contribuer aux charges publiques dans la
même proportion, c'est-à-dire en raison composée de leurs facultés et des besoins de l'Etat.
La plus grande difficulté que présente, ce me
semble, l'exécution d'un ordre si raisonnable,
c'est le moyen de rapprocher tellement le
pouvoir de la loi de tous ceux qui peuvent
avoir à l'implorer, que la facilité de l'atteindre
soit la même pour tous. C'est vers cette partie
essentielle, la réforme ou plutôt l'entière
régénération de notre Jurisprudence, que
doivent se diriger les efforts de tous les bons
esprits. Que servent en effet les meilleures
lois si elles n'existent qu'à l'usage de ceux
qui ont assez de pouvoir, de richesse ou
d'esprit pour se les rendre favorables ou pour
s'en passer ?

Si la faculté d'acquérir de grandes propriétés ouvre tous les jours de nouvelles
sources à la richesse, et par là même à la
prospérité publique, on voit cependant l'influence des grandes fortunes avoir des suites
funestes aux droits et aux jouissances des
autres citoyens, corrompre les mœurs, etc.
Je ne sais s'il existe, pour balancer l'ascendant
de la richesse, un contrepoids plus heureux
que celui de l'ambition et de la vanité. Dans
tout pays où l'intérêt de la puissance publique
doit favoriser le progrès du commerce et de
l'industrie, de l'avarice et de la cupidité, il
convient donc, plus qu'on ne pense, de maintenir aussi la faveur des privilèges et des distinctions honorifiques. Moralistes austères,
l'amour de l'argent, celui des honneurs ne
sont sans doute à vos yeux que des poisons;
mais après avoir reconnu que nos constitutions politiques ne peuvent s'en passer, il doit
vous en coûter moins de sentir que le mélange
de ces poisons est le seul moyen de les rendre
l'un et l'autre moins dangereux.

L'égalité commune y gagnera très-infailli-
blement, si l'on sait bien que les richesses ne
sont pas tout, que les honneurs qui ressem-
blent toujours plus ou moins à la considération

C 2

sont en effet plus desirables ; que la recon-
naissance et l'admiration qu'inspirent de
grands talens ont quelque chose de plus flatteur
encore pour l'amour - propre ; que tous ces
avantages enfin fussent-ils réunis ne sont rien
sans cette estime qu'on ne doit qu'à la vertu,
qu'on ne rend même aux qualités les plus
éminentes que lorsqu'elles sont employées à
l'utilité publique.

On peut considérer l'amour de l'argent ;
l'ambition, la mollesse ou le goût des plaisirs
comme de grandes puissances qu'il est impossible de détruire, mais dont il faut toujours
entretenir la concurrence et les rivalités pour
assurer la paix et le bonheur du genre - humain. C'est sur leur heureuse mésintelligence
que reposa bien souvent l'auguste empire de
la gloire et de la vertu.

STABILITÉ.

QUE ne doit-on pas attendre d'une bonne Constitution ? De la liberté, de l'égalité, des richesses, des lumières, des talens, de l'industrie, des jouissances de toute espèce.... Rien n'est plus desirable sans doute ; mais n'est-il pas d'autres biens qu'il faut s'assurer avant tout ? Oui ; car rien ne peut suppléer la subsistance et le repos.

Comme le premier instinct de l'homme est de se conserver, c'est aussi la première loi raisonnable de toute société. Avant d'être heureux il faut vivre, et c'est à l'impérieuse nécessité de ce principe que la sagesse, l'humanité même sont forcées de subordonner tous les vœux qu'elles forment pour la félicité publique.

Il n'est pas nécessaire, puisqu'il n'est pas possible, que tous les hommes soient également heureux ou plutôt le soient de la même manière ; car la morale et la métaphysique n'ont pas encore décidé si des lumières supérieures, de la richesse et de la gloire rendaient l'homme plus heureux qu'une paisible ignorance, un bien modique, une douce obscurité.

C 3

En formant le projet d'une société bien
constituée, ne cherchons pas quel peut être
métaphysiquement le plus haut point de félicité où puisse atteindre la Nature humaine;
une pareille abstraction nous jetterait dans
d'étranges erreurs. Souvenons - nous seulement qu'il n'est point de société qui puisse
être heureuse sans une puissance capable de
la défendre au-dedans et au-dehors, sans la
liberté nécessaire pour laisser aux individus les
moyens de jouir utilement de toute l'étendue
de leurs facultés , sans quelques principes
immuables qui garantissent et la force et la
durée de son établissement.

Le problème d'une bonne Constitution
pourrait donc être énoncé de la manière
suivante :

"Quels sont les rapports qui peuvent établir le
„ plus sûrement et au plus haut degré possible
„ ces trois conditions essentielles de la félicité
„ publique, Puissance, Liberté, Stabilité (1) „ ?

_____

(1) C'est de l'heureux équilibre de différens tem-
péramens que résulte la meilleure constitution physique ; c'est peut-etre aussi l'heureux équilibre de
différens principes de gouvernement qui produirait la
meilleure de toutes les constitutions politiques. Qu'elle
tienne de la Démocratie l'espèce de popularité qui peut

Je les présente dans cet ordre, parce qu'il me semble que cet ordre est le plus naturel ; c'est la force qui rassemble, qui réunit, qui fait que la société existe. Elle n'a pas plutôt le sentiment de son existence que, pour la rendre heureuse, elle éprouve le besoin de la liberté. Les incertitudes qui l'agitent à cette époque, la conduisent naturellement au desir d'en trouver le terme dans une manière d'être tranquile, stable, assûrée.

L'extrême importance dont sera toujours, pour le bonheur social, ce sentiment de sécurité inséparable de l'idée de permanence, de durée, de stabilité, est démontrée par la nature même des choses ; elle l'est encore par cette multitude de combinaisons politiques

être favorable au bonheur et à la liberté de tous ; de l'Aristocratie, cette force, cette inflexibilité d'opinion et d'intérêt propres à en assûrer la durée et la stabilité; de la Monarchie, cette unité d'action et de mouvement qui peut seule donner aux destinées d'un grand Empire toute l'énergie, tout l'éclat, toute la prospérité dont elles sont susceptibles : un Gouvernement représentatif sagement combiné, semble pouvoir assurer à la fois tous ces avantages réunis. je ne vois aucun gouvernement, ni des tems anciens, ni des tems modernes, qui ait résolu ce beau problême avec plus de succès que l'Angleterre.

dirigées vers cet objet dans tous les siècles et dans tous les Gouvernemens depuis l'immortalité du grand Lama jusqu'au droit négatif du Petit-Conseil de la petite République de Genève.

On a vu les hommes inventer les systêmes les plus sublimes, supporter les abus les plus extravagans, les plus absurdes, quelquefois même les plus oppressifs, pour s'assurer, autant qu'il était en leur pouvoir, ce repos, cette sécurité d'existence qu'on ne peut espérer que d'un ordre de choses constant, invariable.

Sans un motif aussi puissant, eût-on jamais souffert le joug d'un pouvoir absolu; eût-on jamais fait, de l'hérédité de ce pouvoir, la loi fondamentale de l'Etat? Le despotisme héréditaire n'a jamais été sans doute que la dernière ressource d'un peuple malheureux; mais cette ressource est en effet préférable à l'anarchie qui n'est qu'un despotisme plus divisé, plus versatile, par là même plus inévitable, plus pesant sur tous les points.

En remontant aux premières origines de toutes les iniquités féodales, on les retrouvera dans l'excès des désordres de l'anarchie; c'est lorsqu'il n'y eut plus de puissance pu-

blique et que la licence eut franchi toutes
les bornes, que le besoin du repos fit imaginer
les moyens de l'obtenir les plus extraordi-
naires. On ne craignit plus d'aliéner sa liberté
pour mettre sa personne et ses biens à l'abri
des violences qu'aucune loi ne pouvait réprimer, qu'aucune autorité ne pouvait contenir.
Voilà pourquoi tant d'hommes libres se firent
volontairement serfs de l'Eglise. . . .

C'est des derniers abus de la féodalité que
la Constitution veut triompher aujourd'hui
en France. Voilà le point d'où l'on est parti;
mais la précipitation avec laquelle on court,
pourrait bien y ramener plutôt qu'on ne
pense; car enfin, qu'est-ce que la Féodalité?
Un assemblage monstrueux de Puissances,
subordonnées en apparence au même Chef;
mais toutes armées, toutes divisées par
mille et mille intérêts, unies par un seul
lien, trop faible pour ne pas risquer de se
rompre à chaque instant. Cet ordre de choses
doit succéder naturellement à la dissolution
d'un grand Empire. Et qui vous répondra
qu'un Empire dont vous désorganisez toutes
les parties ne soit prêt à se dissoudre? Qui
vous répondra que vous substituerez inces-
samment au principe secret qui les tenait

unies , et auquel le tems avait donné une si
grande force , un autre principe dont vous ne
connaissez bien ni l'étendue ni l'énergie ? Vous
avez créé par-tout des résistances capables
d'arrêter ce pouvoir qui contenait tout du
moins par l'ascendant d'une longue habitude
et d'antiques préjugés. Après vous être en-
tourés de ruines , pensez - vous que vos Décrets renouvellant les miracles fabuleux d'Or-
phée et d'Amphion, relevent à volonté la
majesté de cet immense édifice ? (1) C'est
des derniers débris de la Féodalité que s'est
formée la Monarchie ; c'est des derniers débris
de la Monarchie que l'on pourra voir renaître
un jour l'hydre de la Féodalité.

Et les lumières !.... deux ou trois généra-
tions suffisent quelquefois pour en inter-
rompre le progrès. Il y avoit beaucoup de
métaphysiciens et de sophistes dans l'Empire
Romain avant l'invasion des Barbares. Sous
un régime où l'on a besoin de tant de Législateurs , de tant de Juges, de tant de
Soldats, comment trouver encore des Culti-
vateurs, des Artisans, des Philosophes, des

---

(1) On sent qu'il ne s'agit ici que de richesse et de
puissance, de force et de durée.

Poëtes, des Artistes ? Les lumières d'ailleurs ont elles jamais changé la nature même de nos besoins, de nos penchans, de nos goûts, de nos passions ?

FORCE PUBLIQUE.

LE corps politique, ainsi que le corps humain, ne périt que par un excès de force ou par un excès de faiblesse. S'il n'existe pas dans l'Etat une force suffisante pour en contenir les principaux ressorts, si la force qui les contient est portée au point d'en arrêter l'action ou de la précipiter avec violence, l'Etat touche également à son dernier terme.

C'est le juste équilibre des facultés physiques et morales qui entretient le bonheur et la santé de l'homme ; c'est aussi ce juste équilibre des pouvoirs qui maintient le bonheur et la force de toute constitution politique.

On ne peut concevoir d'équilibre sans division de forces et de pouvoirs. Il y a longtems que l'on a dit aux Tyrans : Divise, et tu régneras. C'est aux Nations qu'il fallait dire : Divisez, et vous serez libres.

Distinguez bien les limites de l'autorité législative et du pouvoir exécutif ; car c'est la réunion de ces deux pouvoirs qui forme le caractère essentiel du despotisme. Faire des loix et se charger en même tems de leur exécution, c'est substituer à la majesté sainte, impassible de la volonté publique, les caprices injustes, bisarres, violens, des volontés particulières, des passions du moment.

Ce n'est sans doute qu'en rassemblant dans un seul foyer tous les rayons de la puissance exécutive qu'on lui assure l'énergie nécessaire au maintien de la tranquillité publique, du moins dans un grand Etat. Mais comment se dissimuler les abus, les dangers résultans d'une telle puissance ? Il n'est presqu'aucune forme de Gouvernement où l'on ne se soit occupé des moyens de s'en garantir. Un des plus simples, des plus communs, peut-être même un des plus sûrs, est de désintéresser d'abord les passions des dépositaires de la puissance publique, en leur attribuant légalement tout ce qu'ils pourraient desirer d'obtenir par le seul ascendant de la force dont ils disposent ; on les attache ainsi par leur propre intérêt au maintien de l'ordre établi. Sous ce point de vue la Monarchie est encore préférable à l'Aristocratie, puisqu'il est évident qu'elle impose à l'intérêt de tous moins de sacrifices, et des sacrifices moins pénibles (1).

_____

(1) L'esprit de la Monarchie paraît encore le plus

« Comme il n'y a point de pouvoir au monde
qui soit indépendant de l'opinion générale ,
cette opinion devient elle-même un des freins
les plus utiles de la puissance. C'est un des
grands principes de la Constitution anglaise ;
et ce grand principe n'ayant acquis toute
l'étendue dont il était susceptible que par
l'invention de l'Imprimerie , il offre aux
Législateurs modernes des ressources dont
les anciens ne pouvaient pas même concevoir l'idée.

Une puissance unique opposée à la puissance exécutive, ne peut produire, ce me
semble, qu'un ordre de choses très-imparfait;
elle est nécessairement trop redoutable ou ne
l'est pas assez; insuffisante, elle n'arrête rien;
suffisante, elle risque d'arrêter tout, ou de
se substituer elle - même à celle que, dans
l'origine, elle ne devoit que balancer ou
contenir.

Ne parvient-on pas à un plus juste équilibre, en n'opposant au suprême pouvoir que
des résistances divisées, mais dont la réunion

propre à exciter les ambitions de tout genre, et à les
contenir toutes dans les limites où il importe de les
circonscrire pour l'intérêt du repos public.

devienne également facile, également nécessaire toutes les fois qu'il importe d'en arrêter
le cours ? S'il n'existe dans l'Etat qu'un seul
Ordre capable de résister aux abus de la puissance publique, il tiendra de l'Aristocratie
ou de la Démocratie ; or, l'une et l'autre
sont destructives de cette unité de pouvoir
que semblent exiger la force, le repos et la
liberté d'un grand Empire.

La richesse étant devenue aujourd'hui le
premier moyen de force et de puissance, le
droit d'établir l'impôt attribué uniquement au
Corps représentatif de la Nation, forme un
contrepoids assez considérable, du moins
dans un pays très - opulent, pour balancer
seul peut-être l'autorité la plus étendue. Le
plus grand danger que laisse encore à craindre
un pareil équilibre de pouvoir, n'est guère
vraisemblable ; c'est l'économie ou l'avarice
du Souverain portée à un tel degré qu'elle pût
l'affranchir quelque jour des besoins de l'impôt. Tant que subsistera la chaîne d'une
dette publique aussi pesante que celle de
l'Angleterre ou de la France, des appréhensions de ce genre seraient plus que chimé-
riques. Il n'en est pas moins vrai qu'on peut
regarder sous ce rapport le poids de la dette

publique, comme un des gages les plus im-
portans de la liberté d'un Peuple attaché,
par une longue habitude, aux jouissances de
l'industrie et de la richesse.

NATION.

NATION.

JE risquerai de paraître paradoxal, mais ce sera du moins sans autre intention que celle d'être toujours de bonne foi. Il me semble qu'on se perd dans des idées si abstraites, en voulant parler des droits et des pouvoirs de la Nation, qu'à force de prétendre rechercher les premiers titres de son indépendance, on arrive à des propositions, qui, pour avoir l'air d'être fort républicaines, n'en sont pas moins tout aussi inintelligibles pour moi que l'oracle énoncé par Louis XV, dans je ne sais quelle réponse aux remontrances des Parlemens : „ C'est moi qui suis la nation, la „ nation est où je suis. " (1)

Nos philosophes ont fait de la Nation une espèce de puissance absolument métaphysique ; et quand je veux essayer de réaliser cette chimère dans mon imagination, je ne

(1) Le Peuple, la Nation, ce grand mot est employé dans ce moment par nos jeunes Solons, par nos sublimes Orateurs, par nos profonds Politiques, comme l'était jadis le Roi, l'Etat, par le dernier des Commis, par le plus humble des Subdélégués, et toujours avec la même justesse, avec la même bonne foi.

D

vois plus qu'un hydre à vingt millions·de tê-
tes aussi incapable de vouloir que d'obéir,
d'agir que de penser.

Qu'est-ce donc que la Nation? Est-ce cette
multitude d'hommes dévoués à l'ignorance,
aux préjugés, aux vices, aux erreurs de tout
genre, qu'il est impossible de consulter épars,
qu'il est plus impossible, qu'il serait plus ex-
travagant encore de vouloir rassembler dans
le même lieu ? Est-ce enfin l'universalité des
habitans d'un grand Empire qui ne pourrait
exister un moment réunie que pour se détruire, se dévorer, s'anéantir elle-même ?

Non, une grande Nation considérée comme
un être collectif, en qui réside la puissance
suprême, ne sera jamais qu'un être de raison, la plus sublime, mais peut-être aussi la
plus frivole de toutes les hypothèses politiques. Ce n'est qu'en rappelant une idée,
si vaste et si vague à des termes infiniment
simples qu'on pourra parvenir à un résultat
réel. La Nation n'existe véritablement que
dans une élite d'hommes choisis parmi les
différentes classes qui la composent, et
choisis librement sur la foi de l'opinion
publique, ou de ceux qui ont acquis le
droit de la diriger. Ce n'est que réduite

ainsi par elle-même à un nombre d'hommes
capables de s'écouter et de s'entendre,
qu'elle peut avoir une action raisonnable,
déterminée, discuter, vouloir, décider,
agir.

. Elle n'est pas indifférente, sans doute,
la manière de composer cette assemblée
propre à représenter la Nation, à exercer
le droit de souveraineté qu'elle ne saurait
exercer par elle-même pour peu qu'elle soit
une Nation et non pas une famille, une
tribu. Cependant je ne vois pas, à vrai dire,
que toutes les conditions que l'on paraît exiger, soient également indispensables; je n'en
excepte que deux, l'entière liberté de l'élec-
tion, et le nombre suffisant pour la rendre
imposante, sans qu'elle dégénère en cohue.

La représentation nationale était bien plus
exacte en Suède qu'en Angleterre; on doit
néanmoins préférer beaucoup la dernière,
à n'en juger que par les résultats qui nous
sont connus.... Une assemblée trop nombreuse devient peut-être encore plus susceptible de corruption que celle qui ne le serait pas
assez. L'essentiel est que le Peuple choisisse
lui-même ses Ministres, et que quelque illi-
mités que soient les pouvoirs qu'il leur con-

fie , ils ne puissent jamais être employés
contre lui ; le terme de cette puissance re-
présentative n'étant pas assez long pour que
les dépositaires soient tentés d'en abuser
contre cet intérêt commun , dont leur intérêt particulier devient par-là même inséparable.

TIERS-ÉTAT.

Ce qu'est le Tiers-État ? Une dénomination assez ridicule, mais qui ne peut se rapporter qu'à un ordre de choses positif, non, à un ordre constant et naturel.

Le Tiers-État, là où il existe, est évidemment la dernière partie du peuple admise à jouir des droits de la Nation. Quand il n'y a que des Nobles et des serfs, l'Ordre privilégié compose à lui seul toute la Nation. Quand les individus qui composent la société, ont tous une part égale à la chose publique, c'est l'universalité de ces individus qui est la Nation, il n'y a là ni Tiers-État ni Noblesse; ce n'est donc faire qu'une phrase, toute géométrique qu'en est l'expression, que de dire : Le Tiers-État est la Nation, moins la Noblesse et le Clergé. Pendant plusieurs siècles ce qu'on pouvait appeler en France la Nation, c'étoit uniquement la Noblesse et le Clergé. Dans la suite, c'était la Noblesse et le Clergé, plus une partie des non-privilégiés. Cette classe, admise la dernière, a été appelée le Tiers-

D 3

État. (1) Il est donc assez évident que d'abord le Tiers - État ne fut rien, qu'ensuite il devint quelque chose. Il s'agit de savoir aujourd'hui, s'il est tout, s'il doit être tout. (2)

On est loin de vouloir attaquer ses droits ; ils en est qui sont imprescriptibles. Les tems, où le Tiers-État n'était rien, furent des tems de barbarie, dont il faut détester la mémoire ; ce n'est qu'à l'époque où il devint quelque chose que commença la prospérité de l'État, sa richesse et sa puissance. Partout où il n'y a point de Tiers-État, c'est-à-dire, partout où la classe la plus nombreuse

---

(1) On répond à cela qu'il faut brûler l'Histoire, ce qui paraît sans réplique....

(2) L'Abbé Galiani prêchait contre la faveur accordée à l'Agriculture par une raison très-bizarre ; il disait : que l'Agliculture étoit la plus importante des conditions, et qu'il avait fallu plus de quatre mille ans d'efforts pour l'avilir, et que chercher à la tirer de cet avilissement, c'était travailler à réduire les Ducs et Pairs à rien, et à mener le Roi dans son Parlement accompagné de douze Boulangers. D'accord, l'Abbé, lui répondis - je ; mais dans douze mille ans d'ici. O combien de choses on peut faire sans conséquence pour les Laboureurs, avant que le cortège du Roi en soit composé !....

des habitans n'est comptée pour rien, ou
comme la propriété des autres, les lumières
et l'industrie ne peuvent acquérir aucune
force réelle, ne peuvent obtenir aucune influence utile, la Nation est encore barbare.

Mais en est-il moins vrai, quant au fait,
que les Ordres privilégiés sont évidemment
les aînés de la famille ? quant au droit, que
réunissant de plus grandes propriétés terri-
toriales, ils ont sous ce rapport un intérêt
plus direct à la chose publique, que par-là
même il est juste de leur conserver tout
l'ascendant qui ne peut nuire au bien général ?

Il n'est ni possible, ni utile, il serait dangereux pour elle-même, que cette immense
multitude qui compose les grandes masses
d'une Nation, eût un sentiment trop vif de
l'étendue de ses forces, et pût les exercer
trop facilement, sans aucune résistance habituelle.

Mais que d'efforts sublimes ne pas attendre
des hommes que la nature distingue parmi
cette multitude, et qui n'étant rien civilement, pressés sans cesse par le besoin d'être
quelque chose, à force de talent, d'industrie
et de vertu, peuvent enfin s'élever à tout,

D 4

et penser qu'à leur postérité la plus éloignée,
leur nom seul tiendra lieu de titre et
d'héritage !

C'est toujours sous le point de vue de
l'utilité publique , qu'on doit peser les droits
respectifs de toutes les classes.

Que de germes d'industrie , de talent,
d'émulation, l'on étoufferait à l'instant même
qu'on oserait entreprendre de confondre
tous les ordres , toutes les conditions de la
société !

C'est l'estime même qu'inspirent les travaux et l'activité de la classe désignée en
France par le nom de Tiers-État, c'est une
si juste estime qui peut faire craindre de
le voir confondu avec les autres ordres.
L'importance dont il est à l'État de lui conserver des qualités et des vertus qui tiennent
peut-être à sa position actuelle , est le seul
obstacle qu'on puisse opposer raisonnablement au desir qu'il aurait d'en changer.
Rompez d'ailleurs les barrières qui l'humi-
lient , rendez-lui les armes dont il a besoin
pour défendre ses droits légitimes , et vous
verrez alors ses défenseurs trop éclairés ,
pour ne pas reconnaître l'intérêt qu'il a de
repousser lui-même des prérogatives , des

distinctions inutiles au bonheur domestique, nécessaires seulement à l'ambition, à la vanité, et qui plus communes, perdraient l'illusion, dont le charme obtint dans tous les tems de si grands et de si honorables sacrifices.

Je crois voir dans le Tiers-États la jeunesse d'une Nation ; il a la force et la vigueur de cet âge, il en a l'activité, les vœux, les espérances ; c'est dans son sein qu'elle se reproduit, qu'elle se renouvele, qu'elle jouit de la durée immortelle de ses destinées.

Ce n'est que par de nouvelles habitudes, de nouvelles liaisons que perdant le sentiment de ses avantages, de son bonheur réel, une partie du Tiers-État peut être attirée vers d'autres jouissances, et desirer de passer ainsi dans les classes supérieures.

Les individus qui, après en avoir cherché les moyens, y réussissent, ne s'en trouvent souvent guère plus heureux ; mais en les cherchant, en s'efforçant de les atteindre, ils ont augmenté la prospérité publique, et le but du Législateur est rempli ; à ses yeux le Tiers-État, ou, pour parler avec plus de précision, la partie du Tiers-État, natu-

rellement destinée à le représenter , forme
une barrière protectrice entre les propriétaires et les non - propriétaires , comme la
Noblesse en forme une entre ces premiers
et le Trône , c'est-à-dire , la représentation
du pouvoir suprême.

CONTRAT SOCIAL.

Qu'est-ce que le Contrat social? Une fort belle idée métaphysique, à laquelle il convient de remonter quelquefois en politique, comme en morale à l'idée du Juste de Platon ou du Magnanime d'Aristote.

Le seul Contrat social dont l'existence ne soit pas une chimère, n'a jamais été qu'une conspiration plus ou moins raisonnable, plus ou moins heureuse, du petit nombre contre la foule (1). Il n'est pas moins évident que cette conspiration pour réussir, pour avoir un succès durable, doit nécessairement avoir pour objet le plus grand avantage possible de tous.

Ce qui a trompé souvent les hommes à cet égard, c'est que la plupart de ces conspirations durent leur naissance à des tems de trouble, de désastre et de confusion. Dans cet état, le repos seul en lui-même pouvant être regardé comme le premier des

_____

(1) Sous le joug de l'Aristocratie municipale, comme sous celui de la Féodalité; sous le despotisme d'un seul comme sous celui de plusieurs.

biens, on s'est rendu trop facile sur les conditions proposées pour l'obtenir.

Toute multitude, fût-elle composée de Solons ou de Montesquieux, ne peut avoir
d'elle-même aucune action sage et déterminée. Toute assémblée trop nombreuse
ressemble au *Pandemonium* de Milton, les
Géans s'y changent en Pygmées ; s'il en sort
par hasard quelque grande résolution, c'est
presque toujours l'influence d'un seul qui
l'a dictée.

Ce qu'on appele communément le Peuple,
la Nation, c'est-à-dire, la classe la plus
nombreuse des Citoyens, ne peut qu'obéir
ou vouloir. Dans le système de liberté le
plus absolu, le Peuple est comme le Roi
dans la Monarchie ; c'est la volonté du corps
politique ; sous ce rapport, c'est la puissance suprème ; mais elle cesse d'exister
lorsqu'elle n'a pas une tête qui l'éclaire, des
bras qui exécutent ses commandemens.

L'opinion publique est peut-être comme
toutes les autres Puissances du ciel et de la
terre ; on les respecte bien plus sûrement,
tant qu'elles restent enveloppées d'ombres et
de nuages. Je vois que le Public abstrait est
beaucoup plus imposant que le Public assem-

blé. Le Public dont on parle sans cesse ne se trompe jamais ; celui qu'on est à portée de voir et d'entendre est un Roi comme les autres , car comme les autres on le flatte, on le séduit, on le trompe , et l'on dirait souvent que pour avoir tant d'ieux et tant d'oreilles , il n'en est que plus exposé à tous les piéges de ses Courtisans et de ses Ministres.

Le Peuple , encore plus que le Roi, ne pouvant agir par lui - même , a besoin, comme lui , de Ministres. Ce n'est qu'en ceux qu'il aura choisis qu'il pourra mettre sa confiance ; et pourvu qu'elle ne leur soit accordée que pour un tems raisonnablement limité , je ne vois pas qu'il risque beaucoup de la leur donner toute entière.

La constitution qu'il est permis de croire la plus parfaite est celle où la puissance qui commande ; et celle qui obéit , ont une force proportionnelle , où pouvant se balancer mutuellement sans effort , l'une et l'autre se maintiennent toujours à-peu-près dans le même équilibre.

La puissance législative appartient toute entière à la Nation, oui ; mais dans ce sens, le Roi n'est-il pas lui-même une partie inté-

grante de la Nation ? Et quel est l'individu, quel
est le corps qui puisse avoir autant d'intérêt
que le Monarque au maintien de la chose
publique ? Sous ce rapport, son vœu est
sans doute essentiel au sanctionnement de
la loi. En distinguant l'autorité de la Nation de l'autorité du Roi, cette dernière
ne doit - elle pas concourir à l'exercice de
la puissance législative pour en modérer les
mouvemens, pour en prévenir sur - tout
l'instabilité ? Il est à desirer, ce me semble,
que le pouvoir législatif soit divisé, soit
contenu par la nécessité de ce concours,
comme il est à desirer que le pouvoir exécutif
le soit à son tour par l'influence nécessaire du
droit de consentir ou de refuser l'impôt.

Conservez donc à la Nation la plus grande
partie du pouvoir législatif ; laissez au Roi
la plus grande partie du pouvoir exécutif.
Si les Ministres de la Nation peuvent être
bien choisis, ceux de l'Autorité ne pourront jamais abuser de leur avantage ; il y
aura chez ce Peuple puissance et liberté.

Comme il importe pour le maintien de
l'ordre public que le pouvoir exécutif ait
une grande énergie, une grande activité ;
accordez-lui les prérogatives les plus éten-

dues , mais à tout prix réservez-en une à
la Nation , celle de pouvoir être continuel-
lement éclairée sur ses vrais intérêts. Le
meilleur contrepoids des forces physiques,
c'est celui des forces morales. Qu'une Nation soit éclairée , quelque puisse être la
forme de son Gouvernement , cette Nation
ne sera jamais asservie.

LE SECRET DE L'EMPIRE.

Ce sont des mots qui ont servi, qui serviront toujours à gouverner les hommes, de grands mots tels que Dieu, Patrie, Honneur, Liberté, Justice, Foi publique, etc.

Qu'importe, pourvu que ce qui n'est qu'un mot, une idée vague pour la dernière et la plus nombreuse classe de la société, soit pour les autres d'abord un préjugé respecté, ensuite un sentiment vrai, une opinion reconnue, enfin une raison profondément, évidemment juste?

On donne une grande puissance aux mots en y attachant des cérémonies, des solennités, tout l'appareil d'un culte imposant. On établit les préjugés en les liant adroitement aux mouvemens de cet instinct naturel, de ce sens moral que la nature a gravé dans tous les cœurs. On maintient l'autorité des opinions en les appuyant de l'esprit de corps, de l'intérêt de quelques classes distinguées de la société (1), et l'on ébranle sou-

(1) La loi, l'autorité même n'est qu'une idée abstraite, une puissance vaine et sans effet lorsqu'elle n'est pas

vent

rent tous ces appuis du pouvoir en voulant éclairer de trop près les bases sur lesquelles ils reposent.

---

entourée d'un cortège propre à la rendre imposante
et sensible aux yeux de la multitude. Le Roi, dans le
système de la Démocratie royale est aussi peu nécessaire, aussi parfaitement inutile que l'est Dieu dans
le système insensé d'Epicure. Le Monarque, sans un
corps intermédiaire plus particulierement dévoué à sa
personne se trouve comme isolé au milieu de la multitude ; il est trop faible alors pour résister aux
impulsions irrégulières de la puissance nationale qui ne
pouvant résider que dans une assemblée nombreuse
risque toujours d'être trop agitée, trop instable. Si le
corps qui environne le Monarque est l'armée, il devient
despote ; si c'est un ordre de Magistrature, cet ordre
se change en une véritable Aristocratie également
funeste au Monarque et à la Nation : ce doit donc
être un ordre susceptible de prérogatives ou de distinctions particulières dans quelques fonctions du pouvoir suprême, et dont l'intérêt se trouve lié à ceux
du trône, moins pour en partager les droits que pour
en maintenir la faveur. C'est sous ce rapport, ce me
semble, que la Noblesse devient un des appuis nécessaires de toute Monarchie tempérée ; elle est dans
la Constitution monarchique ce qu'est, ce que fut,
presque dans toutes les Républiques l'ordre des Patri-
ciens. Les maximes du Sénat de Rome se corrompirent
à mesure que la dignité Patricienne perdit de son
influence.

E

Attaquons tous les abus , tous les désordres, toutes les fausses mesures du Gouvernement et de l'Administration ; mais pour en démontrer le danger ou l'absurdité , est-il donc nécessaire de remonter toujours imprudemment aux grands principes métaphysiques de toute institution sociale ?

PREMIERS PRINCIPES
D'UNE
REPRÉSENTATION NATIONALE.

En établissant pour principe que c'est dans la Nation que réside essentiellement la Souveraineté, que c'est de la Nation que doivent émaner tous les actes de la puissance législative, que c'est à la Nation que tous les agens du pouvoir exécutif doivent répondre de l'exécution de ses lois, il est de la plus grande importance d'expliquer d'abord d'une manière claire et précise ce qu'on entend par la Nation. Ce ne peut pas être cette réunion fortuite de tous les individus entassés, répandus ou dispersés entre telle ou telle mer, telle ou telle rivière, telle ou telle montagne; c'est un Peuple quelconque séparé des autres par telle ou telle convention politique, quelque en soit la forme ou l'origine. Le lien qui les unit est un intérêt commun de conservation, de propriété, de pouvoir, d'indépendance. C'est ce lien commun qui forme la République.

Quelle est la première conséquence d'une

E 2

définition si simple? C'est qu'on ne peut appartenir à la Nation, qu'on ne peut prétendre
à être regardé comme une fraction de la Souveraineté qu'autant qu'on aura quelque droit,
quelque titre pour partager cet intérêt commun qui lui est propre et qui la distingue des
autres.

Les hommes naissent tous égaux dans l'état
de société comme dans l'état de nature, mais
sous quel rapport? Sous celui des droits imprescriptibles de l'homme, non pas sous celui
des droits de Citoyen.

La différence est grande d'une législation
sous laquelle tous les individus ne jouissent
pas également des droits de l'homme, et celle
où ils ne jouissent pas également des droits
de Citoyen. La première est essentiellement
inique; la seconde est la seule, je crois, qui
puisse atteindre avec sûreté tous les avantages
auxquels doit aspirer une constitution solide
et raisonnable.

Je ne veux point parler de tant d'autres
distinctions admises dans des vues plus ou
moins utiles sous différentes formes de gouvernement; mais il en est une qui se retrouve
par-tout; car je n'ai jamais conçu d'asso-
ciation politique dont elle ne fût le premier

objet, c'est celle qui tient à la propriété.

Quel est le gage ou le garant de l'intérêt que peut prendre à l'ordre public celui que sa situation habituelle en a rendu tout-à-fait indépendant, celui qui dans beaucoup de circonstances pourrait même avoir lieu de croire qu'il lui serait utile de le troubler ? L'homme qui n'existe que par son travail et par son industrie, n'est-il pas le maître de les porter à chaque instant où il lui plaît ? Plus la Constitution sous laquelle il vit est libre, plus il en aura la facilité. Je pense bien qu'il en aura moins le desir ; mais comment supposer qu'il puisse tenir à la chose publique comme celui dont elle garantit plus particulièrement la force et le bien-être, comme celui qui en possède un titre réel, une partie plus ou moins importante ?

L'homme qui n'a aucune propriété, appelé à délibérer sur la chose publique, peut se trouver, sans doute, le métaphysicien le plus vertueux, réunir au génie de Montesquieu l'ame d'Aristide ou de Fénelon ; mais en calculant toutes les combinaisons dont est susceptible l'organisation d'un Corps politique, est-ce à de pareilles exceptions qu'il faut s'arrêter ? Sont-ce les principes métaphysiques de quelques individus ou l'intérêt qui résulte naturellement de la manière d'exister du grand nombre qu'il convient de prendre en considération.

En voyant les choses sous ce rapport, il paraît évident que l'homme sans propriété n'a point d'intérêt plus puissant que d'en acquérir une, et ce sera probablement le premier usage qu'il fera de l'influence qui lui aura été accordée dans l'administration de la chose publique ; s'il ne peut rien de plus sans danger, il tâchera du moins de vendre utilement la seule chose dont il puisse disposer, ce degré d'influence qu'il aura obtenu ; mais si des circonstances particulières donnaient à ses pouvoirs une plus grande étendue, où serait, de bonne-foi, l'intérêt qui pourrait l'emporter sur celui de dépouiller ceux qui possèdent tout en faveur de ceux qui ne possèdent rien ?

Puisque pour aller au premier but de toute société, pour maintenir l'ordre, la tranquilité, la liberté même, on ne doit regarder comme partie active intégrante de la Nation que ceux qui en partagent les propriétés, il paraît indispensable de renfermer dans cette classe l'exercice de la puissance nationale, et de proportionner même l'influence politique de chaque classe à la masse plus ou moins considérable de propriétés qui l'intéresse au maintien de cette puissance commune. Mais je ne me dissimule point dans ce système la difficulté d'assurer suffisamment l'existence civile des hommes sans propriété contre toutes les injustices auxquelles peut se porter la classe privilégiée des propriétaires. J'ai cherché long-tems le mode d'une force constitutionnelle qui pût garantir l'indépendance de leurs droits sans les rendre trop redoutables; je n'ai rien trouvé dont les conséquences ne m'aient paru destructives de tout ordre politique.

De la nécessité d'exclure les hommes sans propriété de toute représentation, soit législative, soit administrative, s'ensuivrait-il cependant qu'il ne reste aucun moyen de les attacher à la chose publique? Loin de nous une pareille idée. Pour n'être pas défendus par l'influence qu'on ne saurait leur accorder sans un danger trop manifeste, ne le sont-ils pas déjà par leur nombre et par leur liberté? Ne peuvent-ils pas l'être encore par l'esprit général des lois qui, assurant le droit de tous, facilitent à tous les moyens de conserver et

E 4

d'acquérir, qui, favorables au travail, à l'industrie, au commerce, appellent successi-
vement ceux qui en auront le desir et la
faculté à devenir propriétaires à leur tour, à
jouir ainsi dès qu ils en seront susceptibles
de tous les avantages et de toutes les prérogatives réservés au citoyen actif, c'est-à.dire
au citoyen que sa propriété personnelle intéresse nécessairement à la propriété publique?

Dans une Monarchie, le défenseur naturel
des hommes sans propriété, c'est le Monarque ; car nul n'est plus intéressé que lui
à maintenir la force et la puissance de l'Empire par une population riche et nombreuse ;
et l'accroissement de cette population ne
peut dépendre que d'une administration pro-
pice anx besoins et aux travaux du pauvre.
Tout pays dont les ressources offrent la facilité de vivre, de travailler et d'acquérir
verra multiplier ses habitans dans une pro-
gression presque incalculable.

Ainsi l'influence monarchique, dans nn
Gouvernement représentatif sagement combiné, pourrait bien être encore le meilleur
contre-poids de l'aristocratie des riches, aristocratie qui, par la force des choses, doit
survivre à toutes les autres, qui paralt du

moins ne devoir céder qu'à l'anarchie des
lois agraires, révolution dont la plus affreuse
indigence serait bientôt le résultat le moins
funeste.

Aux motifs qu'on vient d'exposer pour circonscrire dans la classe des propriétaires
l'exercice de la puissance nationale, se joint
encore une considération d'économie politique qui nous paraît de la plus grande importance, c'est qu'il n'est point de moyen plus puissant d'encourager l'agriculture, d'augmenter la
valeur des terres, d'attacher les citoyens
à la Patrie, en liant, pour ainsi dire, la prospérité de leur existence civile et morale à la
prospérité du sol qui les vit naître (1). Quel
motif pour être bon et vertueux que la nécessité de demeurer au milieu de tous ceux qui
entourèrent notre enfance, de ne pouvoir
fuir leurs reproches, de ne pouvoir se passer
de leur estime ! c'est laisser en quelque façon
la vie entière sous la garde de l'œil paternel,
s'entourer à la fois des mânes de ses aïeux,
de ses parens et de ses amis. Ne serait-ce pas
là le véritable esprit de ce culte antique et

_____

(1) On a remarqué, avec raison, comme une vue
sublime et profonde l'épithete que les Anciens avaient
donnée à Cérès; ils l'appelaient Cérès législatrice.

révéré que tant de Nations vouèrent à leurs Dieux pénates, de tous les cultes peut-être le plus religieux, le plus patriotique, au moins le plus simple et le plus touchant? Un des plus grands inconvéniens qui doivent résulter de l'anéantissement de toutes les autres distinctions civiles et politiques, est de donner une trop grande force à celle qu'on ne saurait détruire sans détruire la société même. Lorsqu'il n'y a plus d'autre distinction héréditaire que la propriété, le desir et le besoin de l'accroître n'a plus de bornes. Ce qu'on entendoit vulgairement par le peuple toujours trompé par ceux qui se vantent de défendre sa cause, le peuple qui se flattait d'être mieux, se trouvera beaucoup plus mal qu'il n'a jamais été; les grands propriétaires envahiront tout ce qui entoure leurs domaines, et bientôt il n'y aura plus de petites propriétés. S'il est une loi qui puisse prévenir ce nouveau genre d'usurpation, c'est la loi par laquelle on attribuera la jouissance d'un droit politique à toute propriété foncière, quelque médiocre qu'en soit l'étendue. Lorsque sans cette propriété l'on ne pourra plus exercer les fonctions de Citoyen actif, prétendre aux honneurs de certaines Magistratures, il est aisé

de voir qu'on se déterminera plus diffi-
cilement à l'aliéner, et lorsque les circonstances y forceront le propriétaire, il est
encore très - évident qu'il se présentera plus
de concurrens pour lui succéder.

ARMÉE.

Comme le Corps représentatif de la Nation dépositaire du Pouvoir législatif, est la représentation sensible de la raison et de la volonté publique, l'Armée aux ordres du Monarque, ou de tout autre dépositaire du Pouvoir exécutif, est la représentation sensible de la puissance et de la force publique. Il n'y a point de Constitution où ces deux Pouvoirs n'existent pas d'une manière distincte ; il n'y a point de liberté où le dernier de ces Pouvoirs n'est pas soumis au premier ; il n'y a point de liberté où ces deux pouvoirs se trouvent réunis entre les mains d'un seul homme, ou d'un seul et même Corps, quelque populaire qu'en soit la dénomination.

Il faut qu'il y ait une Armée, ou que toute la Nation soit armée ; car s'il n'y avait qu'une moitié de la Nation qui fût armée, et que l'autre ne le fût pas, il est évident que ce serait de toutes les inégalités la plus injuste et la plus effrayante.

Une Nation entière armée, n'est plus une Nation, c'est un camp. Telle fut Sparte ;

mais Sparte avait des Ilotes. Telle fut Rome;
mais Rome avait des esclaves, et ne con-
noissait d'autre art, d'autre métier que celui de
conquérir. Une Nation riche, agricole, in-
dustrieuse et commerçante, perdrait bientôt
ces avantages, en voulant faire de tous ses
citoyens autant de soldats ; et si cette Nation
était puissante et nombreuse, si son sol suf-
fisait à ses besoins, la nature et l'étendue
de ses frontières à sa puissance, elle ne
ferait qu'épuiser ses forces sans objet et
sans motif.

On sent qu'il n'est pas besoin que toute
la Nation soit armée ; mais on voudrait deux
Armées, l'une pour la liberté, et l'autre
pour la puissance. Quelle organisation
monstrueuse ! Ne serait-ce pas établir deux
puissances dont le résultat serait d'abord de
se heurter, sans cesse, pour finir par se
détruire mutuellement.

Que l'exercice du Pouvoir exécutif soit
subordonné à la puissance législative par
tous les moyens raisonnables et possibles,
mais ne tentez point de changer la nature
des choses ; que le pouvoir soit un pouvoir
réel, ou qu'il n'y en ait plus. Si au pouvoir indispensable pour maintenir vos propres

Lois vous opposez, pour ainsi dire, à chaque pas un point de résistance qui puisse en arrêter le cours, comment vos Lois seront-elles maintenues ou respectées ?

L'Armée en Angleterre n'a constitutionnellement qu'une existence annuelle ; mais tant qu'elle existe au moins, c'est une Armée ; elle ne dépend que du Monarque, c'est au Monarque seul qu'appartient le droit de faire la paix et la guerre. On a su pourvoir d'ailleurs aux moyens de l'empêcher d'en faire jamais une qui ne fût au gré de la Nation.

Un des plus précieux bienfaits du système actuel de l'Europe, est d'avoir adouci les fléaux de la guerre, et c'est à la constitution de nos Armées qu'on en est redevable. Ce sont les puissances qui se font la guerre, les Nations ne se la font plus, elles la payent ; mais les calamités qui en sont la suite sont plus aisément réparées. Ces haines nationales qui ont existé si longtems, et qui rendaient tout à la fois les guerres plus longues et plus fréquentes ; sont presque éteintes. Armez de nouveau les Nations, vous verrez bientôt renaître ces mêmes haines , et leur funeste influence ne se bornera pas à renouveller des guerres étrangers ; mille événemens , mille circonstances peuvent faire éclater des dissensions intestines que toute la sagesse de vos Lois n'aura su prévenir, et le peu de force que vous aurez laissé à l'autorité , aura moins de moyens encore pour les réprimer ; car quelque sublime, quelque admirable que soit le progrès de nos lumières , on ne voit pas que les passions aient beaucoup perdu jusqu'ici de leur irresistible empire.

IMPÔTS.

Il n'est pas difficile de prouver que jouissant de la protection de la force publique, il est juste de contribuer à l'entretien de cette force en raison des avantages qu'on en retire, et des propriétés dont elle nous assure la jouissance ; mais en est-il plus aisé d'établir cette contribution juste et nécessaire sur des bases qui en rendent la perception facile et sûre ?

On ne manque pas d'esprit public en Angleterre ; les Américains ont prouvé qu'ils savaient chérir la liberté. Chez ces deux Nations cependant le payement de l'impôt a toujours éprouvé de longs retards, de grandes difficultés.

Il faut convenir en effet qu'il existe bien peu de manières d'imposer qui ne soient ou ne deviennent aisément une violation plus ou moins fâcheuse des droits de la liberté et de la propriété. Quelque communs que soient les sentimens patriotiques, ils est rare qu'ils existent dans tous les cœurs avec la même vérité. Cependant l'impôt n'est productif que lorsqu'il est supporté

porté par l'universalité des Citoyens, c'est-à-dire, par le grand nombre de ceux qui ne s'intéressent que faiblement à la chose publique, comme par le petit nombre de ceux qui n'en séparent jamais leur intérêt particulier. On ne peut donc guère se flatter que dans un grand Empire l'impôt soit toujours assez bien assis pour être perçu comme il doit l'être, sans une force coactive capable de garantir au besoin l'exactitude de l'acquittement.

Plusieurs de nos Écrivains modernes se sont élevés avec raison contre les abus, les vexations et toutes les injustices de l'esprit fiscal, mais la science en elle-même est loin d'être méprisable ; ce n'est qu'avec beaucoup de lumières, beaucoup d'expérience, une profonde connaissance des choses et des hommes qu'on peut découvrir les moyens de faire payer le plus sûrement et le plus facilement la plus grande masse de contributions possible, sans nuire aux arts, au commerce, à l'industrie, en les encourageant au contraire par la nécessité d'un travail plus assidu, plus varié, plus constant, plus ingénieux. (1)

_____

(1) Le Despote, disait Alphonse X, surnommé

E

La fiscalité a trop pesé, sans doute, en
France sur certaines classes, mais il est
d'autres rapports, sous lesquels il faut convenir qu'en France, comme en Angleterre,
le génie de la fiscalité a servi souvent à faire
déployer de nouvelles ressources, en impri-
mant un mouvement plus rapide à la circulation du numéraire et du crédit, en for-
çant, pour ainsi dire, le travail et l'industrie à tenter de nouveaux efforts, à se frayer
des routes jusqu'alors tout-à-fait inconnues.
Il n'est pas douteux au moins que les peuples
qui payent le plus sont aussi ceux qui
s'enrichissent le plus. Que serait-ce s'ils
avaient toujours payé le mieux possible ?

Une considération qu'on a trop négligée
dans l'établissement des impôts, c'est le soin
d'écarter toutes les idées accessoires qui
peuvent en rendre la perception plus ou
moins pénible. Il est telle contribution qu'on
payerait sans regret, si la dénomination,
sous laquelle on l'avait établie, ne l'eût
pas rendue odieuse, quelquefois même hu-
miliante.

Quelques raisons que nos Docteurs mo-

_____

l'Astronome, le Despote arrache l'arbre, et le sage
Monarque l'ébranche.

dernes puissent rassembler en faveur de l'impôt unique, elles céderont toujours à l'avantage qu'il y a de diviser un fardeau pour en rendre la charge moins pesante, à l'avantage plus important peut-être de ne pas effrayer l'imagination, et d'obtenir ainsi de la multitude un devoir qui lui coûte, sans qu'elle ait le loisir ou l'ennui d'y songer.

L'inconvénient le plus réel des impôts indirects, est la nécessité d'ajouter au produit même des charges qui en résultent celui des frais de perception, toujours plus ou moins dispendieux; mais ces frais de perception n'étant point enlevés réellement à la richesse nationale, l'inconvénient est beaucoup moins nuisible en lui-même qu'il ne le paraît d'abord. Quant aux abus, c'est au génie administrateur à les prévenir, en simplifiant la perception de tout impôt autant que la nature des choses peut le permettre. La dépense indispensable n'est point à regreter, puisqu'elle est supportée essentiellement, et dans une proportion assez équitable, par les propriétaires mêmes dont elle atteint les facultés et suivant le seul mode qui puisse les atteindre sans violence.

Le Trésor public ne saurait être trop

économe en général ; mais pour empêcher
que le Peuple ne manque de subsistance,
pour empêcher que le Peuple ne se trouble,
ne s'ennuie ou ne s'inquiéte , il n'est , pour
ainsi dire , point de prodigalité qui ne soit
au fond de l'économie la plus sage et la
plus rigoureuse.

MŒURS.

ON entend ici par Mœurs, les opinions qui réglent toute cette partie des actions de la société qui ne peut être soumise à l'influence immédiate des Lois. Il doit exister entre les Mœurs et les Lois d'un pays bien constitué le même rapport qui se trouve naturellement entre les principes et les habitudes de l'homme vertueux. S'il est impossible, s'il n'est pas même toujours nécessaire d'établir la plus parfaite harmonie entre les Lois et les Mœurs, il faut du moins qu'il y ait entre elles une certaine correspondance qui les fasse concourir au même but. Quelquefois il peut paraître utile de tempérer la puissance des unes par la puissance des autres. Il me semble ainsi qu'en France, la délicatesse du point d'honneur était un principe, ou si vous voulez un préjugé national très-propre à modérer les effets dangereux d'une autorité trop absolue; c'est peut-être à ce sentiment que la Nation doit l'avantage d'avoir conservé au milieu des révolutions les plus funestes je ne sais quel respect religieux pour ses anciennes franchises, pour ses antiques libertés.

F 3

Les Lois qui ont l'influence la plus directe sur les Mœurs, sont celles qui réglent les droits des pères et des enfans, des maris et des femmes, des maîtres et des serviteurs.

Plus on veut donner d'étendue à la liberté politique, plus il convient de restreindre la liberté domestique. Aussi verrez-vous presque par-tout l'autorité paternelle infiniment plus sévère, infiniment plus respectée dans les Républiques que dans les Monarchies; ces premières habitudes de subordination servent à maintenir l'espèce d'empire qu'y doit exercer la Loi, de tous les empires le plus sage, mais qui toujours en est un; moins il a de force physique, plus il est indispensable de lui donner une grande force morale, car sans un empire quelconque, il ne saurait subsister aucun ordre social.

L'expérience prouve, ce me semble, de la manière la plus évidente, qu'une éducation ferme et sévère est en général la plus propre à former les hommes, à développer leur industrie et leurs talens, à donner même à leur caractère toute l'énergie dont il peut être susceptible. L'indulgence a une marche trop incertaine, elle laisse trop de prise aux caprices de l'imagination, aux différens écarts de

l'esprit, à toutes les illusions d'une sensibi-
lité qui s'irrite , et s'épuise par la seule raison qu'aucun obstacle habituel ne l'arrête et
ne la réprime.

Il n'y a point de mœurs publiques, lorsqu'il
n'y a point de mœurs domestiques. Et quelles
pourraient être ces mœurs partout où le lien
conjugal est nécessairement ridicule, odieux
ou méprisé? Tout dépend ici d'une bonne loi
sur le divorce. Si j'ignore comment elle doit
être faite , je dirai du moins quel en doit être
l'effet, c'est de rendre les séparations assez
difficiles pour que l'on soit intéressé à faire
un bon choix, et à desirer de pouvoir s'y tenir , mais en même tems assez faciles, pour ne
pas détourner des ames honnêtes et sensibles
du plus saint , du plus doux des engagemens par
l'idée effrayante d'un lien, qui déclaré indisso-
luble en dépit de toutes les Lois de la nature
et du sort , risque par-là même de devenir le
supplice et le désespoir de toute la vie.

C'est dans le pays le plus libre de l'Europe,
dans le pays où l'on a peut-être le plus respecté la dignité naturelle de l'homme , que
les Lois ont cru devoir confier un très-grand
pouvoir aux artisans de différens genres sur
les ouvriers qu'ils emploient et plus particu-

lièrement encore sur les apprentis élevés dans leurs atteliers. On ne saurait croire combien cette circonstance a favorisé le progrès de leurs manufactures ; et sous un autre rapport elle n'a pas moins servi à conserver parmi eux cet ordre domestique si utile à la conservation des mœurs générales d'une Nation.

RELIGION.

ON ne saurait nier que l'influence des idées religieuses ne puisse être encore plus utile à la législation qu'à la morale ; elle est très-propre à consoler et à contenir cette classe si nombreuse qu'il est impossible d'associer également au partage de toutes les lumières, et de toutes les jouissances de la société ; elle est plus propre encore à réprimer les abus de la richesse et de l'autorité, en abaissant toutes les puissances de la terre devant cette puissance suprême de laquelle dépendent toutes les autres ; elle est enfin le lien commun qui paraît rapprocher le plus heureusement tous les hommes que le mouvement progressif de la civilisation ne saurait manquer de diviser par une multitude d'intérêts différens ; mais comme il est aussi bien démontré qu'on a trop souvent abusé de cette puissante influence, pour établir ou pour justifier les abus les plus funestes à l'ordre public, la manière de lier le système religieux au système social, offre une des questions les plus importantes et les plus difficiles à résoudre.

Puisqu'il est de l'essence d'un sentiment religieux de ne reconnaître d'autre loi que celle de la conscience et de la raison, vouloir soumettre ce sentiment à toute autre régle, c'est porter atteinte aux premiers droits de l'homme, c'est outrager la Religion même, c'est commettre une véritable impiété.

Mais en reconnaissant l'indépendance de la Religion de tout pouvoir humain comme sacrée, je suis loin de penser que les ministres d'aucune Religion doivent jouir du même privilège ; ce n'est qu'en se soumettant aux mêmes lois que tous les autres citoyens, qu'ils auront droit à la même protection ; et les bases essentielles de la doctrine qu'ils pourront enseigner publiquement seront fixées ou reconnues par l'autorité du pouvoir législatif. Il paraît insensé qu'on ose mettre en doute la nécessité d'un pareil accord, pour peu qu'on réfléchisse aux conséquences de l'opinion contraire.

L'enseignement public est une action, et une action dont les suites peuvent être infiniment importantes ; elle doit être libre, mais comme toutes les autres, autant qu'elle peut l'être, sans blesser la loi qui est l'asyle et la propriété de tous.

Pour rendre respectable les lois relatives à cet objet, il n'est qu'un moyen, c'est de les borner aux termes les plus simples.

JUSTICE.

Plus j'y pense, et plus je vois que cette partie de la législation est toute entière à créer.

On a quelques idées assez justes sur les rapports du pouvoir exécutif et de la puissance constitutive.

Il existe quelques modèles de Gouvernement qui paraissent réunir à-peu-près tous les avantages de la puissance et de la liberté politique.

Mais quel est le code de Jurisprudence civile ou criminelle dont la philosophie et l'humanité ne doive frémir ?

Est-il vrai, par exemple, que la mort d'un innocent immolé aux erreurs involontaires de la Justice soit un mal plus réel que les désordres commis par cent coupables échappés à sa vengeance ? Mon cœur est disposé à le croire, ma raison s'y refuse.

Les lois ne seront parfaites que lorsque tout innocent sera sûr d'être sauvé, tout coupable également sûr d'être puni.

De l'inégalité nécessaire des conditions résulte un double rapport que l'impartialité de

la loi ne sauroit méconnoître. S'il faut contenir
le riche et le puissant parce qu'ils ont plus de
moyens d'abuser de leur force, n'est-il pas
tout aussi important de contenir le faible et
le pauvre, parce qu'ayant moins à perdre
ils en ont plus d'intérêt et plus d'audace à
tout entreprendre. Deux considérations aussi
frappantes n'entreront - elles pour rien dans
le calcul qui doit déterminer et la recherche
des délits et la mesure des peines ?

QUELQUES APPERÇUS

SUR LES CAUSES

DE LA RÉVOLUTION ACTUELLE.

PLUSIEURS circonstances ont favorisé sans doute la révolution qui se prépare......

L'esprit d'indépendance si naturel à la jeunesse était devenu le ton dominant de la Cour, et cet esprit fut encore exalté par l'influence marquée de beaucoup de jeunes gens devenus, grace à cet avantage, les chefs de leur maison.....

Plusieurs des plus illustres familles du Royaume crurent avoir à se plaindre des distinctions exclusives de la faveur... Pour avoir moins de gêne, il y eut moins d'étiquette.....

Jamais la dépense peut-être n'avait été si excessive, et jamais elle n'avait servi moins utilement ni les branches les plus essentielles du commerce national, ni ce faste extérieur qui n'est pas de la dignité, mais qui en est la représentation la plus sensible et la plus imposante. La Cour fut plus aimable peut-être, mais elle avait écarté sûrement les illusions les plus propres à entretenir cette espèce d'idolâtrie monarchique, dont Louis XIV avait su faire un des premiers appuis de son énorme puissance........

Le contraste de l'économie et de l'austérité des principes de M. N..... avec la légèreté, l'inconsidération, les prodigalités de l'un de ses successeurs ne pouvait manquer de faire une grande sensation ; elle devint plus vive encore par la nécessité où se trouva le premier d'appuyer sa consistance ministérielle de toutes les forces de l'opinion publique, par l'imprudence, avec laquelle le second se permit de braver cette première puissance, source de toutes les autres, en révélant tout-à-coup l'excès du désordre, en l'exagérant peut-être pour se préparer de nouvelles ressources, en disant enfin à l'élite de la Nation assemblée, à la face de toute l'Europe : Depuis trois ans je vous ai trompés, mais c'était d'accord avec le Roi. Aujourd'hui nous sommes plus intéressés que jamais à vous tromper encore ; croyez-nous donc...... C'est exactement le précis de l'étrange Discours de M. de C... à l'Assemblée des Notables ; aussi le sage Pitt ne douta-t-il point après la première

lecture, que ce ne fût un pamphlet satyrique
contre le Ministre qui en était l'Auteur. Je
ne pense pas en effet qu'aucun homme
public ait jamais porté plus loin l'audace et
la folie ; et ce qui me semble plus évident
encore, c'est que de toutes les extravagances
ministérielles, c'était la plus propre à dé-
grader l'Autorité, à l'avilir aux yeux de la
Nation et des Puissances étrangères. Les
suites qu'eut la disgrace de ce Ministre dé-
prédateur, l'humeur et l'indiscrétion de ses
créatures, les intérêts qui divisèrent alors
la société la plus intime du Roi et de la
Reine, ajoutèrent encore à cette impression
funeste, en laissant éclater des secrets de
l'intérieur qu'il convenait plus que jamais
de couvrir d'une ombre éternelle, en semant
avec une adresse perfide des bruits absolument faux ; mais qui, par leur liaison avec
des faits avérés, pouvaient usurper plus ou
moins de croyance, et blesser ainsi, sous
plus d'un rapport, cette opinion publique
devenue tout à la fois si redoutable et si
susceptible..........

Les Parlemens, comme l'on sait, furent
long - tems la seule barrière qu'il y eût
en France contre l'autorité absolue ; cette
barrière

barrière n'avait aucune force réelle, aucune base solide, parce que l'existence de cette sorte de pouvoir intermédiaire n'avait jamais été ni déterminée, ni reconnue ; ni par le Roi, ni par la Nation, n'en est pas moins vrai que le génie législateur n'inventa peut-être jamais un moyen de résistance plus embarrassant pour un Gouvernement faible, pour une Administration incertaine. Par la nature même de leur composition les Parlemens embrassent toutes les classes de l'État; sortis la plupart des familles les plus riches et les plus considérables du Tiers-État, les membres des Cours souveraines tiennent encore aujourd'hui par les Magistrats qui les président aux premières maisons du Royaume, ils y tiennent aussi par leurs alliances ; d'un autre côté, les dernières classes du Peuple leur sont encore nécessairement dévouées par l'intérêt qui lie à leur puissance tous les suppôts des Justices subalternes, et cette multitude innombrable d'Avocats, de Procureurs, de Clercs, d'Huissiers, répandus dans toutes les parties du Royaume, c'est une Armée toujours prête non à combattre à la vérité, mais à faire quelquefois beaucoup pis, à répandre partout

le trouble , la défiance et les alarmes , par
ses plaintes , ses murmures et ses clameurs.
Il en coûte peu pour la mettre en campagne,
il suffit de quelques belles phrases patriotiques , qui annoncent la résistance respec-
tueuse de Messieurs , et menacent leurs
fidèles troupes d'une persévérance capable
de les faire mourir de faim pendant plusieurs mois. Rien de plus ridicule en apparence que cette lutte qui s'est renouvellée
si souvent entré les Ministres de la Justice
et ceux de l'Autorité ; mais au fond rien
de plus sérieux , rien de plus redoutable.
Toutes les fois que les Cours souveraines
n'ont employé que les armes qui étaient à
leur usage , elles ont presque toujours été
invincibles ; leur force d'inertie a résisté à
tous les efforts de la Puissance royale ; et les
Arrêtés des Parlemens , motivés avec adresse ,
c'est-à-dire , avec autant de mesure et de
modération que de force et de courage ;
l'ont emporté le plus souvent sur les Arrêts
du Conseil , de quelque pouvoir qu'on ait
entrepris de les appuyer. Un Arrété de la
Cour envoyé à cette foule de Tribunaux
qui en ressortent, suffit pour suspendre tous
les exercices du Pouvoir exécutif ; il arrête,

pour ainsi dire, au même instant tous les
mouvemens de l'Administration ; plus de
justice , plus de police, et, si l'on s'obstine
même , plus d'impôts à percevoir. C'est une
manière très-commode et très-légale de son-
ner le tocsin d'une extrémité du Royaume
à l'autre , et l'on voit aisément de quel effet
pouvait être un pareil instrument entre les
mains d'une génie factieux.

L'Abbé de Mably a très-bien prouvé que
la puissance des Parlemens était une puissance usurpée. Mille autres Écrivains ont
dit et répété avec beaucoup de raison qu'il
n'y avait rien de si absurde que de voir les
Juges s'ériger en Législateurs , et s'imaginer
que pour quarante ou cinquante mille francs
ils avaient acquis le droit de prescrire des
limites à l'Autorité royale ; le droit de représenter la Nation sans son aveu ; mais il
n'en est pas moins constant que , si le pouvoir que les Parlemens s'attribuent ne leur a
jamais été confié , il leur a été certainement
abandonné, puisqu'on les a vus l'exercer
depuis long-tems, à la vérité suivant les
circonstances , avec plus ou moins d'éclat ;
ce qu'on ne peut contester encore, c'est
que par le fait aucun autre ordre, aucune

autre assemblée , pas même celle des États-
Généraux , n'a décidé de plus grandes
questions nationales que le Parlement de
Paris ; car il a cassé le testament de
Louis XIV plus arbitrairement qu'il n'oserait casser celui d'un particulier ; il a disposé deux fois de la Régence ; il a consenti
bien sûrement plus d'impôts que n'en avaient
jamais accordé tous les Etats - Généraux
réunis. . . . Après cela comment se trouver
Conseiller au Parlement, et ne pas se croire,
au moins dans certaines circonstances , un
peu plus que Roi ?

Cette Puissance parlementaire tour-à-tour
si faible et si redoutable , jamais reconnue,
mais toujours assez inquiétante , s'est vue
souvent tourmentée , exilée , honnie , hu-
miliée , renversée même , sans que le principe essentiel de sa force en eût éprouvé la
moindre atteinte ; c'était toujours le Palla-
dium de la liberté nationale , parce qu'il
n'en existait plus aucun autre. L'ancienneté
de l'abus qui l'avait élevé à cette dignité en
était le titre le plus respectable , et tout le
monde se croyait interessé à respecter un Corps
si fort intéressé lui-même à maintenir tous
les abus consacrés en quelque sorte par son
silence ou par son aveu.

Ce n'est qu'en essayant de remplacer par
quelque chose de réel ce qui pour tout Ministre habile n'était qu'un fantôme plus ou
moins importun, que la Nation pouvait être
amenée à desirer véritablement un autre état
de choses. C'est ce que le Parlement crut
voir dans l'établissement des Administrations provinciales, quelque prudente, quelque monarchique qu'en fût la première
constitution ; c'est ce qu'il vit avec plus de
terreur encore dans la convocation d'une
Assemblée de Notables ; il ne douta plus
que le projet de l'Autorité ne fût de se passer de lui ; et voilà quelle fut évidemment
la première époque du plan de résistance,
ou pour mieux dire d'insurrection manifeste
de toute l'Aristocratie parlementaire, à laquelle crut devoir se réunir bientôt celle
des Nobles et du Clergé. Toutes ces puissances subalternes se crurent menacées à la
fois par celle de l'Autorité ministérielle,
toutes ne virent plus d'autre ressource que
celle d'en appeler à la Nation ; et la Nation
qui depuis si long - tems n'était plus rien,
sentit enfin qu'elle devait, qu'elle pouvait
être quelque chose.

Jamais aucun Ministre n'avait montré

G 3

autant de talent que M. de B** pour
décomposer une grande machine politique.
Il en désunit, il en faussa tous les ressorts;
on peut dire que dans l'espace de peu de
mois, grace à l'heureux ascendant de son
génie, on ne vit plus un seul Corps en
France rester à sa place, ou conserver son
mouvement naturel. Le Parlement adopta
tout-à-coup le systéme le plus contraire à
ses intérêts, un systéme qu'il avait anathé-
matisé cent et cent fois. La Noblesse, dont
l'existence tient le plus intimement aux
droits du Trône, eut l'air de vouloir s'en
séparer. L'esprit militaire parut dominé lui-
même par je ne sais quel patriotisme louable
au fond peut-être, mais difficile à concilier
avec ce caractère de subordination, sans
lequel il n'y aura jamais ni discipline, ni
armée. Le Clergé ne précha plus l'obéissance, le soldat se montra moins disposé à
la maintenir; ce qu'il y a de très-remar-
quable encore, c'est que ce mécontement
universel avait été précédé des déclarations
les plus favorables à la liberté publique. Le
Roi venait de faire plus de sacrifices de son
autorité qu'on n'en avait jamais osé attendre
d'aucun de ses prédécesseurs. Les Parlemens

avaient appelé à grands cris le secours qu'ils
avaient le plus à redouter ; entraînés par la
voix d'un seul homme d'abord à peine écouté,
tous , comme pressés par quelque puissance
surnaturelle , avaient demandé la convocation des États-Généraux, et fait , pour ainsi
dire , amende honorable aux pieds de la Nation, pour avoir usurpé si long-tems le plus
beau de ses droits. Dans l'Assemblée des
Notables, la Noblesse et le Clergé avaient
déjà reconnu la justice d'une repartition
égale de tous les impôts...... Comment imaginer que tant de résolutions désintéressées ,
tant d'actes solennels de patriotisme et de
vertu , ne serviraient qu'à fomenter le
trouble , accroître le désordre , porter au
comble les embarras et le désespoir de l'administration ? D'abord on crut , et peut-être
était-il assez naturel de croire , que de si
grands sacrifices ne pouvaient avoir été of-
ferts de bonne foi. Ce sentiment vague d'inquiétude et de défiance ne put manquer
de s'accroître , lorsqu'on vit la marche incertaine du Ministre essayant tour-à-tour de
la politique de Richelieu , et de celle de
Mazarin, sans avoir assez d'art pour jouer
ni l'une ni l'autre , défaisant le lendemain

G 4

ce qu'il avait fait la veille , croyant réparer
sans cesse un acte de violence par un acte
de faiblesse , et presque toujours l'acte de
faiblesse par un acte de violence plus révol-
tant que ceux qui l'avaient précédé , entre-
prenant , au milieu du désordre le plus alar-
mant des finances, ce qu'il eût même été
difficile de faire réussir avec les ressources
les plus abondantes , aliénant enfin toute la
Cour , et bientôt après toute la Nation par
des réformes et des suppressions , dont le
résultat achevait de tarir tous les canaux de
la richesse et du crédit.

C'est dans ces circonstances desespérées
que fut rappelé M. Necker , et plutôt comme
le ministre de la Nation , que comme celui
de l'Autorité. Il ne dépendait plus au moins de
son choix de remplir un de ces ministères sans
s'imposer en même tems toutes les obligations
de l'autre ; ce n'est qu'en les réunissant avec
toute la sagesse de son génie et toute la conscience de sa vertu qu'il pouvait justifier le
prix le plus glorieux qu'aucun particulier ait
jamais obtenu de l'estime publique.

Jusqu'ici nous n'avons indiqué, pour ainsi
dire , que les circonstances locales et personnelles qui paraissent avoir contribué le

plns à la révolution présente, parce que ce sont des causes dont l'influence plus prochaine est par-là même plus sensible et plus marquée; mais on ne saurait se dissimuler que le principe d'une révolution si étonnante doit tenir à des causes plus générales, dont l'action moins rapide, moins facile à saisir est essentiellement plus forte, plus irrésistible. Il en est deux sur-tout dont il est impossible de ne pas être frappé, c'est le progrès immense des lumières et l'accroissement de la dette publique. Une Nation trèséclairée ne peut supporter long-tems l'empire si peu raisonnable d'un pouvoir illimité; la confiance que doit inspirer le plus juste et le meilleur des Rois ne peut soutenir longtems seule le poids énorme d'une dette de plusieurs milliards. Le crédit après avoir servi quelque tems à étendre la puissance des souverains, finit toujours par la restreindre lorsqu'il a passé de certaines bornes. L'nfluence de ce crédit réveille encore nécessairement l'esprit de patriotisme par le grand nombre d'individus dont elle lie l'intérêt personnel à celui de la chose publique. On croit la Nation plus pauvre, elle n'a jamais été si riche. Il semble que le Souverain n'ait jamais été plus riche, car

ses revenus sont immenses , et de fait il ne
fut jamais plus pauvre. Le plus pauvre dépend toujours du plus riche ; c'est donc de
la Nation que dépendra desormais le Souverain.

L'impossibilité d'atteindre ou de surpasser
dans les arts du génie et de l'imagination ,
cette foule de chefs-d'œuvre que vit naître
en France le siécle dernier, a porté dans ce-
lui-ci tous les bons esprits à diriger leurs
efforts et leurs études vers les hautes scien-
ces. Il n'est aucun genre de connaissances
utiles qui n'ait été cultivé avec plus ou moins
de succès ; les Buffon, les Rousseau , les
Montesquieu , ont remplacé les Racine, les
Boileau , les Corneille; et Voltaire lui-méme,
le plus bel esprit de tous les siécles, est devenu philosophe , il a sur-tout mérité ce titre
par le talent unique qu'il eut non-seulement
de mettre de grandes vérités à la portée de
tout le monde, mais encore d'y intéresser
vivement toutes les classes des lecteurs , depuis le Trône jusqu'à l'antichambre. Il en est
résulté un foyer de lumière qu'aucun pouvoir
humain ne pouvait éteindre, une liberté de
penser que les entraves qu'on cherchait à lui
donner , ne rendaient que plus hardie et

plus attrayante. Ces dispositions furent encore exaltées par le goût des voyages , par
l'établissement des clubs , par l'habitude que
les hommes prirent de vivre davantage entre
eux, par tous les ridicules de l'anglomanie ;
car quelle est la révolution qui pourrait se
faire en France, sans que la mode y eût plus
ou moins de part ?

La guerre d'Amérique , cette guerre qui
ruina les deux Nations les plus riches de
l'Europe , pour assurer à jamais l'indépendance du peuple le plus pauvre de l'univers ;
cette guerre , si folle pour les Rois qui l'en-
treprirent , ne pouvait manquer d'être utile à
leurs peuples ; elle a sauvé la Constitution
de l'Angleterre, elle en va donner une à la
France , car qui ne voit pas que sans l'énorme
déficit de ses finances , il n'y aurait jamais eu
ni Etats-Généraux , ni Assemblée de Notables , ni N**, ni C*** (1)? Quelque justice

---

(1) Quel admirable enchaînement des passions , des
évenemens , des circonstances ! Ce n'est qu'avec le
crédit établi par l'économie et les sages dispositions
de M. N** que M. de C*** a pu se procurer les
ressources qui ont rendu son ministero si facile , si
brillant et si désastreux. C'est l'énormité même des
besoins produits du désordre et des faux calculs des

qu'on soit disposé à rendre aux dépréda-
tions de ce dernier , sans la dépense d'une
guerre où l'on eut à combattre une puissance
qui disposait des richesses et du crédit des
deux mondes , il est bien clair que les ressources ordinaires auraient suffi pour réparer tout le mal qui ne peut-être imputé qu'aux
vices de son administration.

Les liaisons qu'eut la France avec l'Angleterre et l'Amérique , ont été pour elle, disait
un homme de beaucoup d'esprit, ce que sont
pour le fils d'un bourgeois les liaisons de
quelques grands Seigneurs, elles le ruinent
communément , mais elles le forment toujours plus ou moins , donnent à ses manié-

---

administrations précédentes qui vient d'ouvrir les
yeux du Souverain et de la Nation, et qui, par l'impulsion générale et pour ainsi dire soudaine donnée à
tous les esprits, a mis entre les mains du Ministre
actuel les moyens de fonder la prospérité publique sur
les bases d'un plan d'ordre et de constitution auquel
toute la sagesse des Sully, des Colbert abandonnée à ses
propres forces n'aurait pu se flatter d'atteindre que par
une succession de mesures lentes , isolées, et par-là
même toujours d'un effet plus ou moins incertain. Qui
l'aurait imaginé que deux Ministres tels que M. N***
et M. de C*** fussent si bien faits l'un pour l'autre ,
et tous les deux peut-être pour le bonheur de la France!

res plus d'aisance et de liberté, quelquefois
même à sa façon de penser, plus de noblesse
et d'élévation.

Ce 30 Avril 1789.

QUELQUES VUES

SUR LES SUITES PROBABLES

DES ÉTATS GÉNÉRAUX.

SI le parti des Princes , de la Noblesse , du Clergé , des Parlemens , des Privilégiés de toutes les classes , si ce parti pouvait encore l'emporter , on verrait bientôt ces mouvemens qui étonnent aujourd'hui la France et l'Europe entière n'aboutir à rien , les Etats-Généraux réduits à l'inaction la plus complette , et le prompt retour de tous les abus dont la destruction paraît si nécessaire et si prochaine.

Si au contraire le fanatisme républicain prenait tellement le dessus qu'il parvînt à subjuguer tout à la fois la sage modération du Ministre , (1) et l'opiniâtre résistance de nos an-

(1) Il en existe deux monumens que le tems et l'envie ne pourront détruire ; c'est son rapport au Conseil le 27 Décembre 1788 ; c'est son Discours sur l'ouverture des Etats-généraux de 1789. Les principes en ont été consacrés de la maniere la plus touchante par le sublime Discours du Roi à l'Assemblée nationale au

tiques maximes , de nos vieux préjugés , de
tous les intérêts divers qui en dépendent, son
triomphe serait de peu de durée, car en bri-
sant tous les appuis de la Monarchie, il précipiterait l'Etat dans un abîme de desordre et
de confusion.

Ce que cette alternative offre de plus affli-
geant, c'est que l'on peut prévoir que ces deux
partis, si fort opposés en apparence, seront
également bien servis par des hommes dont
les talens et l'ambition ne fondent leur espoir que sur les périls d'un bouleversement
général.

On ne sait si l'on doit plus de mépris ou
plus de pitié à ces Ecrivains qui se croyant
doués du génie des Lycurgue et des Solon ,
veulent fixer despotiquement les bases d'une
Constitution libre , et s'étonnent que toutes
les opinions , tous les préjugés , tous les intérêts ne se soumettent pas aveuglément à
l'autorité de leurs sublimes spéculations. Je
vois tous les jours ces hommes de génie dé-

---

mois de Février de cette année ; témoins immortels
ils feront soulever la justice des siècles contre tous ceux
qui voudraient tromper encore les intentions du premier Roi citoyen, ou calomnier celles de son vertueux
Ministre....

pouiller le monarque des prérogatives les plus
essentielles avec moins de peine qu'on n'en
aurait à les faire renoncer eux-mêmes, je ne
dis pas à une seule de leurs idées, à une seule
de leurs phrases. Je vois des Nobles discuter
les titres de la Couronne avec plus de légé-
reté qu'ils ne permettraient à qui que ce fût
de discuter ceux du moindre de leurs écus-
sons. Je vois d'ardens défenseurs de l'égalité
civile et naturelle sourire à l'impunité qu'u-
surpent une grande audace ou de grands talens, comme si tout droit d'être injuste ou
méchant n'était pas également odieux.

J'ai lu, j'ai médité les idées de plusieurs de
nos Législateurs modernes, et je me permet-
trai d'avouer que je ne conçois guère le bonheur de vivre sous de pareilles lois. Mais supposons un moment que ces Sages eussent
trouvé l'idéal de la plus parfaite de toutes
les constitutions, est-ce assez pour espérer
de voir réaliser un si beau rêve ? Quand se
lassera-t-on de confondre les idées et les choses ? Quand cessera-t-on de traiter les élé-
mens de la société comme ceux d'un problème
de géométrie? Quand n'oubliera-t-on plus que
les hommes ne se calculent point comme des
puissances algébriques dont le génie peut déterminer

terminer avec précision tous les rapports et tous les résultats ? C'est sans doute aux bonnes Lois à faire le bonheur de l'humanité ; mais ces Lois n'ont qu'une force abstraite, il faut que leur action se combine avec d'autres pouvoirs qui agissent et plus vivement et plus continuement sur notre pensée et sur nos volontés, ce sont nos besoins, nos sentimens, nos passions, nos préjugés, nos mœurs, nos habitudes.

Chaque Nation, comme chaque individu a un caractère qui lui est propre ; ce caractère ne dépend d'aucune circonstance en particulier, et tient à toutes ; il est l'effet nécessaire de leur réunion simultanée et successive. C'est ce qui constitue éminemment ce génie national, dont l'ascendant paraît souvent irrésistible, qu'il est au moins fort dangereux de vouloir combattre avec trop de violence ou trop de précipitation.

Un Ecrivain célébre a dit que la France était géographiquement monarchique. Ne l'est-elle pas aussi moralement ? Comment parvenir à concilier les habitudes d'une Nation si vive, si susceptible, si légère, avec cette raison froide, ces résolutions soutenues, cette austérité de principes et de mœurs

H

sans lesquelles la faveur d'une liberté répu-
blicaine serait de toutes les sources de corruption la plus funeste et la plus redoutable?
Je suis loin d'en conclure qu'il faut revenir
aux anciens abus, n'espérer aucune réforme
utile, n'entreprendre rien de ce qui doit nous
y conduire ; mais je ne crains point d'assûrer que c'est à ces mêmes abus, à de plus
grands encore, qu'on pourra se voir entraîné,
si, pour vouloir tout changer à la fois sans
égard et sans mesûre, l'on court les risques
d'une subversion générale.

La liberté sans doute est le plus grand des
biens , mais se doute-t-on seulement en
France de toutes les privations , de tous les
dangers, de tous les sacrifices auxquels il
faudrait se résoudre pour en jouir ? N'y pa-
raît-on pas même , au milieu de l'efferves-
cence actuelle , beaucoup plus jaloux de ses
vanités que de ses droits, beaucoup moins
impatient de s'assûrer la liberté que de se partager les débris du despotisme ? L'intervalle
qui sépare nos opinions d'un moment et nos
mœurs de tant de siécles, n'est-il pas immense?
Est-ce l'affaire d'un jour de les rapprocher, de
les réunir, de les confondre ? Et que serait-ce
donc que la plus belle Constitution du monde

qui se trouverait sans cesse en opposition avec le génie et les mœurs du Peuple qui aurait fait semblant de s'y soumettre?

Le joug des Lois pèse comme celui de l'autorité, il est beaucoup de caractères même sur lesquels il pèse bien davantage, parce qu'il est de sa nature d'être plus étroit, plus rigoureux, plus inflexible. On a dit, il y a longtems, que la Nation Française ne pouvait supporter ni d'être absolument libre ni d'être absolument dominée; c'est par cette raison là que de tous les Gouvernemens possibles il n'en est aucun qui puisse lui convenir mieux que celui d'une Monarchie temperée, c'est-à-dire une puissance unique capable de contenir facilement une population immense, sans aucune gêne habituelle trop apparente, puissance balancée elle-même par la force des Lois et de l'Opinion. Ce contrepoids ne fut jamais, il est vrai, tout ce qu'il pouvait, tout ce qu'il devait être; mais dans quelles circonstances pourrait-on se flatter de l'établir sur de meilleurs principes, sur une base plus solide? Et si l'on dirigeait dabord vers ce but toutes les forces dont la Nation peut disposer dans ce moment sans exciter aucun trouble, aucune convulsion dangereuse, quel est l'Empire dont les prospérités pourraient égaler celles de la France?

Si l'on s'écarte au contraire d'une route si simple et si facile , que de manx à prévoir ! En voulant affaiblir l'autorité du Monarque , on divisera la Nation ; on l'armera contre elle-même ; on desassemblera toutes les parties de ce grand tout ; on anéantira tout à la fois sa force , sa richesse , son repos et son crédit. Ce seront quelques Princes , quelques Nobles , quelques Chefs de parti qui s'empareront des débris du pouvoir suprême , et la multitude des victimes de leurs querelles, et de leur ambition pourra bientôt faire regretter l'état même dont nous avons gémi si long-tems.

On ne veut point du Gouvernement d'Angleterre , et l'on aurait raison en jugeant qu'il ne peut convenir à la situation géographique et politique de la France ; mais ce n'est pas ce qui occupe nos profonds législateurs ; ce qui leur déplaît dans la Constitution anglaise, c'est qu'ils n'y voient point assez d'égalité , assez de liberté. Ce scrupule étonnera du moins l'Europe , et si l'esprit public pouvait se livrer à des exagérations aussi fanatiques, serait-ce le modèle de la liberté Anglaise que l'on parviendrait à perfectionner ? la crise

excitée par des efforts si contraires à tous
les principes, à toutes les habitudes de la Nation ne la précipiterait elle pas plutôt dans
une anarchie semblable à celle des anciennes
Diètes de Suède ou de Pologne; et aux malheurs d'une pareille anarchie, ne crain-
drait-on pas de voir succeder, un jour de tous
les despotismes le plus dangereux, le plus
redoutable ?

Je conviens que de toutes les Constitutions
du monde, il n'en est aucune, sans en excep-
ter l'Angleterre, où l'on trouve des principes de liberté et d'égalité aussi purs que dans
celle des Etats-Unis de l'Amérique; mais
qu'y a-t-il de commun entre cette Nation et
toutes les autres ? C'est une branche du Peuple le plus libre de l'ancien Continent, entée
sur un Peuple presque encore sauvage (1), et
dans une terre absolument vierge. Quelque
admirable cependant que soit à mes yeux la
nouvelle Constitution des Américains, je
doute qu'elle puisse long-tems leur convenir
lorsqu'ils auront le degré de richesse et de
puissance auquel leur existence commerçante et politique semble les appeller. D'ail-

_____

(1) Au moins quant aux arts et aux commodités de
la vie.

H 3

leurs, quoique mieux combinée sans doute qu'aucune autre, leur Constitution fédérative n'en porte pas moins en elle-même le germe des divisions qui doivent tôt ou tard en séparer ou en confondre les différentes parties. Si quelques ligues fédératives, malgré tous les vices de leur organisation intérieure, ont échappé long-tems à cette fatalité, ce n'est qu'à leur faiblesse, à des hasards singuliers, ou à l'avantage d'une position entièrement isolée qu'elles en sont redevables.

Il est aisé d'être frappé des abus et des inconvéniens de l'Administration actuelle, mais a-t-on assez réfléchi sur ceux qui peuvent résulter d'un autre ordre de choses? Ce qui cause les maux dans la société, est-ce donc toujours telle ou telle forme de législation? Non; c'est l'ambition, c'est la cupidité, ce sont toutes les passions funestes qui agitent tour-à-tour le cœur des hommes; ces passions existeront toujours, et peut-être trouveront-elles, suivant le caractère et les mœurs de la Nation, des ressources encore plus dangereuses au milieu des agitations de la liberté que sous le joug même du despotisme.

Souvenons-nous au moins qu'un grand Em-

pire ne peut subsister long-tems sans le ressort d'une grande puissance coércitive ; que
la force de ce ressort tient à la juste étendue
de l'autorité royale ; que si l'on ne laisse pas
à cette autorité les pouvoirs nécessaires pour
avoir une action prompte et sûre, il ne peut
manquer de s'établir une guerre intestine entre
cette autorité première , et les corps qui auront réussi à l'en dépouiller ; que les efforts
employés à cette lutte , seront perdus pour la
puissance et le bonheur de la Nation ; qu'enfin le Peuple sera toujours Peuple ; qu'une
multitude immense a besoin d'être contenue,
de l'être sans cesse , et qu'il n'est aucun
moyen raisonnable de prévenir ses erreurs ,
d'arrêter ses excès , de modérer l'impétuo-
sité naturelle de ses mouvemens , qui ne mérite toute l'attention des Lois et de l'autorité
chargée de les maintenir.

Ce 12 Juin 1789.

H 4.

QUELQUES RÉFLEXIONS

QUI NE SONT PAS DU MOMENT.

IL est possible qu'il se soit fait depuis quelque tems une grande révolution dans le monde moral , et que cette révolution merveilleuse en ait bouleversé tout-à-coup l'ordre et les principes. Mais avant cette époque mémorable, si l'on pouvait prendre un peu de confiance dans les résultats qu'offrent le plus évidemment l'histoire et l'expérience du cœur humain, n'aurait-on pas reconnu , sans peine, que ce qui agit les plus fortement sur la volonté de l'homme, c'est l'empire des choses et des circonstances ; que ce pouvoir suprême n'est balancé que par celui des passions , et ne l'est encore qu'un certain tems ; que les passions ont plus de force que les habitudes, les habitudes plus que les préjugés , les préjugés plus que les intéréts ordinaires de la vie , ces intéréts habituels plus que de simples idées de justice ou de convenance ; qu'enfin de tous les ressorts qui déterminent nos actions et notre conduite, le plus faible, sans donte, est celui du raisonnement, quelque admirable qu'en soit la logique?

Si l'influence secrete d'une puissance surnaturelle n'avait pas changé tous ces rapports, penserait-on de bonne foi qu'il ne faut point opposer d'autres barrières au mouvement inconstant des volontés et des passions humaines que les limites d'une idée métaphysique tracées plus ou moins heureusement? Est-ce dans ces limites imaginaires qu'on croirait pouvoir circonscrire le mouvement impétueux d'une assemblée, d'une foule, d'une cohue de volontés?

Serait-il encore permis de douter, si le seul gouvernement qui n'a jamais existé nulle part est infailliblement le plus parfait comme le plus admirable? s'il n'est aucun inconvénient attaché à l'unité du Corps représentatif? si pour être fort nombreux tout Corps politique est nécessairement ami de l'ordre et de la liberté? s'il n'est aucun danger à rassembler dans un Corps unique, quelque en soit la dénomination, toutes les sources du pouvoir, à lui laisser une force assez illimitée pour enchaîner ou briser toutes les autres? s'il est enfin quelque règle-

ment au monde qui, tenant de ce même
Corps la seule autorité dont il soit revêtu,
puisse paraître suffisant pour contenir le
despotisme de son inconstance ou de son
ambition ?

En morale comme en physique on n'a
guère vu, ce me semble, des forces très-
actives s'arrêter d'elles-mêmes. Ce qui mo-
dère leur action, c'est toujours une force
étrangère qui leur est supérieure ou du
moins égale. D'après ce principe général
on était disposé à croire qu'en politique
la division et le balancement des pouvoirs
était également le moyen le plus simple
d'en prévenir les abus et de les tenir tous
dans leurs limites respectives. La France
paraît disposée à tenter une grande et
sublime expérience pour nous prouver le
contraire ; si le succès trompait malheu-
reusement son attente, ne risquerait-elle
pas de la payer fort cher ?

On a cru long-tems que le Corps dépositaire de la puissance législative de laquelle
émanent tous les autres pouvoirs, et qui
par conséquent tient de sa nature même le
principe d'une force immense, avait besoin
d'être contenu, non par de faibles liens qu'il

s'imposerait lui-même et qu'il pourrait changer à son gré, mais par l'effet constant, invariable d'un partage d'intérêts et de pouvoirs qui se balançant mutuellement, en modéreraient le mouvement, et préviendraient ainsi les suites funestes qu'entraîne toujours une action trop violente ou trop précipitée. Il me paraît évident qu'on est loin de le penser encore, car je n'imaginerai jamais qu'on ait cru sérieusement que la seule condition du Consentement royal telle qu'on a daigné l'admettre, serait une barrière suffisante contre les usurpations que voudrait tenter le Corps législatif. Quelle est la résistance que lui pourrait opposer le Monarque isolé de tout Ordre particulièrement attaché aux prérogatives du Trône, sans Noblesse, sans Armée, assis sur les débris du Pouvoir exécutif entre la sécurité qu'inspirent ses vertus et l'inquiétude que donne encore le souvenir de sa grandeur passée?

Combien l'on s'est éclairé depuis peu de mois! On avait cru long-tems que la Puissance législative une fois bien constituée, l'espèce de force qu'il convenait de lui laisser, était plutôt une force d'inertie et de

résistance qu'une force de mouvement et
d'activité. On a calculé profondément que
le contraire serait bien plus neuf, bien plus
hardi ; en conséquence on a proscrit, tantôt
avec mépris , tantôt avec fureur , toute division du Corps représentatif qui aurait pu
servir à fixer l'incertitude de ses vues , la
mobilité de ses projets ; et plus on a senti
combien il importait à la puissance du Corps
représentatif de demeurer indivisible , plus
on a cherché tous les moyens imaginables
de diviser et de subdiviser à l'infini le Pouvoir éxécutif. On est parvenu à le réduire
à de fraction telles qu'il peut paraître
aujourd'hui fort douteux , s'il reste assez
d'énergie au Pouvoir exécutif , non pas
pour se défendre lui - même , ce qui me-
nacerait la liberté , mais pour empêcher
seulement que l'inviolabilité des Représen-
tans de la Nation ne soit plus qu'une qua-
lité métaphysique peu respectée de la classe
la plus imposante de Messieurs leurs co-
mettans.

Des hommes légérèment initiés dans les
secrets de nos Lycurgues modernes ont osé
dire qu'ils avaient fait précisément pour la
puissance législative ce qu'il convenait de

faire pour le Pouvoir exécutif, et pour le Pouvoir exécutif ce qu'il convenait de faire pour la Puissance législative. (1).

Ils ont osé dire encore que, si la liberté l'avait emporté sur le despotisme, cela n'était pas étonnant, parce que la liberté s'était servie de toutes les armes du despotisme, et que l'autorité que l'on appelle aujourd'hui le despotisme, n'avait guère employé que celles de la justice et de la bonne foi ; que les avantages qui appartiennent communément au petit nombre, l'accord et le secret, par une fatalité singulière dans la circonstance actuelle semblaient avoir été le partage du plus grand nombre etc. etc. (2)

(1) Tout pouvoir confié à des hommes devient l'instrument de leurs passions, et par le même sujet à mille abus. Plus vous diviserez la pouvoir, plus vous armerez de passions différentes, plus vous multiplierez les abus. Si les Princes, dit M. de Voltaire, ont abusé souvent, de leur pouvoir, les Peuples n'ont pas moins abusé de leurs droits.

(2) L'établissement de la Milice nationale a sauvé le Royaume, et sur-tout la Capitale, des plus grands malheurs ; mais que dirait le Chevalier des *Dialogues de l'Abbé Galiani*, du projet de mettre habituellement toute la France en régimens ? Ne le trouverait-il pas presqu'aussi étrange que celui de mettre toute la France en ports de mer ?

J'ai le plus profond respect pour des révolutions de brochures et de philosophie,
surtout lorsqu'elles sont appuyées par une
coalition aussi terrible que celle de la popu-
lace et de l'armée ; mais quelque décisifs
qu'en soient les effets, je crains toujours
un peu le retour de cet empire qu'il ne faut
jamais oublier, celui des choses et des circonstances.

Tant de longues habitudes contrariées en
même tems, tant d'abus trop réels, tant
d'autres exagérés par l'envie ou par l'esprit
de systéme, réformés tout-à-coup, sans égard
et sans mesure, tant de pouvoirs, tant de
droits, tant de prétentions de tout genre
qu'on a vu sacrifier avec une si grande violence, ont amoncelé à mes yeux une masse
de mécontentemens, de haines et de vengeance qui m'afflige et m'épouvante. (1)

Si la classe la plus nombreuse des habi-

_____

(1) Les hommes qui ne comptant pour rien les regrets,
la douleur, le désespoir de la génération présente.
jouissent avec une satisfaction si douce du bonheur
qu'ils préparent aux races futures, ne seraient-ils pas
de la même Religion que le Cosmopolite de Jean Jaques?
,, Tel Philosophe, dit-il, aime les Tartares, pour se dis-
,, penser d'aimer ses voisins. ,,

tans de ce vaste Empire paraît animée dans
ce moment de la même pensée, du même
vœu, le sera-t-elle encore lorsqu'elle verra
tromper, je ne dis pas les espérances que
son imagination s'exagère, mais celles même
qui ne seraient que justes, si les suites de
la révolution qui l'enivre aujourd'hui de joie
ne risquaient pas d'en rendre l'accomplisse-
ment plus difficile?

Le grand nombre ne sera-t-il pas toujours
le grand nombre? pourra-t-il acquérir les
mêmes lumières, jouir des mêmes avantages
que le petit nombre des privilégiés de la
nature et du sort? Ceux de la Loi proscrits,
les autres n'en existeront pas moins, n'en
seront pas moins exposés à l'envie et à
toutes les passions qu'elle inspire.

Séduit, acheté par un parti, ce grand
nombre ne peut-il pas l'être demain par un
autre? Ne fut-ce pas là dans tous les tems
son patrimoine et sa destinée?

Dans la réunion des circonstances les plus
favorables ne pouvait--on concevoir une manière de réformer les abus, de rétablir l'ordre
qui eût épargné à la Nation des mouvemens
si convulsifs, des dangers si menaçans, des
scènes d'horreur si atroces? Pour régénérer

l'Empire, fallait-il en croire des conseils per-
fides, imiter la crédulité barbare des filles de
Pélias, et sur les fausses promesses d'un
Génie plus cruel que Médée déchirer la Patrie comme elles déchirèrent l'auteur infor-
tuné de leurs jours dans le fol espoir de lui
rendre ainsi la vie et la jeunesse? (1)

Une Constitution sage et raisonnable ne
peut manquer d'influer sur le caractère d'une
Nation, en assurer le bonheur, la puissance
et la liberté ; sous ce point de vue elle intéresse, sans doute, toutes les classes, toutes
les conditions, tous les individus ; mais que
de rapports politiques, plus ou moins habi-
lement combinés dont la détermination sera
toujours très-indifférente au grand nombre !
et c'est aujourd'hui pour de semblables dis-
cussions qu'on agite la Nation entière, qu'on
cherche à la soulever contre elle-même.

Nos sublimes Législateurs ont-ils calculé
tous les dangers qu'il y avait à faire passer
subitement une population immense de la
servitude de l'autorité, d'une autorité respectée

(1) Qui voudrait imputer aux Décrets de l'Assemblée
nationale ce qui ne peut appartenir qu'aux intrigues
sourdes, aux complots ténébreux, à l'ambition criminelle de quelques esprits violens et factieux!

depuis

depuis tant de siècles , à la servitude de
la Loi, d'une Loi établie d'hier , dont les
dix-neuf vingtièmes de la Nation ne peuvent
avoir aucune juste idée , et qui blesse sen-
siblement la classe jusqu'ici la plus intéressée
à maintenir l'ordre public ? Est-ce impuné-
ment qu'ils ont cru pouvoir appeler au milieu des vices et des habitudes d'une Nation corrompue toutes les agitations , tout le
délire de la liberté naissante ? Est-ce sans
frémir enfin qu'ils ont pu voir les plus grands
intérêts, les passions les plus violentes s'a-
vancer jusqu'au bord du précipice, et lutter
là dans les ténèbres pour décider à qui res-
terait l'Empire?

Les périls et les malheurs attachés aux
grandes révolutions politiques , m'affectent
d'autant plus vivement que j'y vois toujours
la certitude d'un grand mal , et que l'espèce
de bien qui peut en résulter me paraît toujours dépendre beaucoup plus du sort aveugle
des événemens que des lumières et de la volonté de ceux qui les dirigent ou croient les
diriger.

Etudiez l'histoire ; parcourez les annales
de tous les Peuples, vous verrez que les vraies
sources du bonheur des individus et de la

I

prospérité nationale dépendantes du sol , du caractère , des mœurs , des lumières , de l'industrie d'une Nation , tiennent encore plus aux principes d'une bonne administration qu'à ceux d'une constitution plus ou moins parfaite.

Avec une bonne armée bien disciplinée on a de la force ; avec un commerce florissant, des richesses ; avec des talens, des lumières , des arts , de l'industrie , toutes les jouissances du riche , toutes les ressources du pauvre. Ces biens , les seuls peut-être qui ne soient pas imaginaires , ont existé sous toutes les formes de Gouvernement , et il n'en est aucune qui puisse les garantir sans une administration sage , vigilante, éclairée. La constitution qui en serait le moins susceptible est celle qui par sa nature même trop faible , trop incertaine , trop mobile, aurait une tendance habituelle vers le désordre ou l'anarchie. (1)

_____

(1) A mesure que l'on armoit l'obéissance , on a désarmé le pouvoir ; à mesure que l'on armoit les contribuables , on a désarmé le fisc ; à mesure qu'on chargeait le levier de cette autorité qui doit tout maintenir, à mesure qu'on le rendait plus pesant et plus difficile à mouvoir, on n'a cessé de travailler à rendre la main destinée à le conduire plus timide et plus impuissante.

Voyez à la tête d'un pays libre des Séjan, des Verrès, des Catilina, ce pays sera tout aussi malheureux que s'il était soumis à un Despote. Placez sur le Trône le plus absolu des Phocion, des Aristide, des Marc-Aurele, Catherine II. ou Leopold, quelle est la République dont une pareille Monarchie pût envier le bonheur ?

Ce premier Novembre 1789.

F I N.

www.ingramcontent.com/pod-product-compliance
Lightning Source LLC
Chambersburg PA
CBHW071227290326
41931CB00037B/2295